e-Learning
Nuovi strumenti per insegnare, apprendere, comunicare online

Silvia Selvaggi • Gennaro Sicignano • Enrico Vollono

e-Learning

Nuovi strumenti per insegnare,
apprendere, comunicare online

Silvia Selvaggi
Metodologie di analisi e progettazione
di sistemi per l'e-sanità
Facoltà di Medicina e Chirurgia
Seconda Università di Napoli
Napoli, Italia

Gennaro Sicignano
Ingegnere elettronico
Dipartimento di Patologia Generale
Facoltà di Medicina e Chirurgia
Seconda Università di Napoli
Napoli, Italia

Enrico Vollono
Metodologie di analisi e progettazione
di sistemi per l'e-sanità
Facoltà di Medicina e Chirurgia
Seconda Università di Napoli
Napoli, Italia

con la collaborazione di
Elisa Manzi
Dipartimento di Filosofia
Università degli Studi "Federico II"
Napoli, Italia

Gli Autori desiderano ringraziare la "Fondazione Banco Napoli" per il supporto.

ISBN 978-88-470-0736-9 Springer Milan Berlin Heidelberg New York
ISBN 978-88-470-0737-6 (eBook)

Springer-Verlag fa parte di Springer Science+Business Media
springer.com
© Springer-Verlag Italia 2007

Quest'opera è protetta dalla legge sul diritto d'autore. Tutti i diritti, in particolare quelli relativi alla traduzione, alla ristampa, all'utilizzo di illustrazioni e tabelle, alla citazione orale, alla trasmissione radiofonica o televisiva, alla registrazione su microfilm o in database, o alla riproduzione in qualsiasi altra forma (stampata o elettronica) rimangono riservati anche nel caso di utilizzo parziale. La riproduzione di quest'opera, anche se parziale, è ammessa solo ed esclusivamente nei limiti stabiliti dalla legge sul diritto d'autore, ed è soggetta all'autorizzazione dell'editore. La violazione delle norme comporta le sanzioni previste dalla legge.

L'utilizzo in questa pubblicazione di denominazioni generiche, nomi commerciali, marchi registrati, ecc. anche se non specificatamente identificati, non implica che tali denominazioni o marchi non siano protetti dalle relative leggi e regolamenti.
Responsabilità legale per i prodotti: l'editore non può garantire l'esattezza delle indicazioni sui dosaggi e l'impiego dei prodotti menzionati nella presente opera. Il lettore dovrà di volta in volta verificarne l'esattezza consultando la bibliografia di pertinenza.

Copertina: Simona Colombo, Milano
Impaginazione: Graphostudio, Milano
Stampa: Arti Grafiche Nidasio, Assago (MI)

Springer-Verlag Italia S.r.l., Via Decembrio 28, 20137 Milano

Prefazione

Questo volume nasce dall'esperienza maturata in diversi anni di attività nel settore dell'e-learning e intende offrire una panoramica sull'evoluzione della formazione in rete attraverso un'analisi dei molteplici aspetti (informatici, metodologici ed organizzativi) che la caratterizzano.

Vengono illustrate e spiegate le varie metodologie utilizzate per la formazione a distanza, i principali strumenti, le nuove figure professionali coinvolte nel processo formativo senza trascurare una tematica di sicuro interesse, il diritto d'autore in rete.

Si tratta di un'opera divulgativa, il cui scopo primario è quello di avvicinare all'e-learning docenti, studenti e chiunque abbia intenzione di saperne di più su un argomento che, per molti versi, resta ancora un'incognita per la maggior parte di coloro che operano nel mondo della formazione. Ci auguriamo, pertanto, che possa far conoscere e apprezzare le innumerevoli opportunità che le nuove tecnologie offrono per trasformare, migliorare e rendere più accessibili l'insegnamento e l'apprendimento, con uno sguardo alle prospettive future di un settore che è in continua evoluzione.

Napoli, luglio 2007 *Gli Autori*

Indice

Introduzione ———————————————————————————— 1
a cura di **Vincenzo Sica**

Capitolo 1
Nuove tecnologie a sostegno della didattica ———————————— 5
Silvia Selvaggi, Gennaro Sicignano, Enrico Vollono

1.1 Definizioni e concetti principali 5
1.2 Reti di telecomunicazioni 9
1.3 Hardware e software 12
    1.3.1 Hardware 12
    1.3.2 Software 15
1.4 Hardware utilizzato in applicazioni di e-learning 16
1.5 *Content repository* e ambiente di apprendimento virtuale 18
1.6 Tipologie di corsi e-learning 22
1.7 Ruolo di una redazione multimediale: nuove figure professionali 26

Capitolo 2
Sistemi per la formazione online ———————————————————— 31
Gennaro Sicignano, Enrico Vollono

2.1 Requisiti per la progettazione di sistemi di formazione online 31
2.2 Piattaforme *open source* e proprietarie 33
2.3 Simulatori come strumento per trasferire conoscenza 37
    2.3.1. Un caso concreto: la macro e la microsimulazione in medicina 40
2.4 Scelta di un corso *blended* 41

2.5 Monitoraggio e strumenti di feedback 43
2.6 Testing 46
2.7 Standard e sistemi di *authoring* 50

Capitolo 3
Insegnare e apprendere online — 55
Silvia Selvaggi

3.1 Integrazione alla didattica tradizionale 55
3.2 Acquisizione e ottimizzazione dei contenuti per la fruizione online 57
3.3 Elaborazione del modulo didattico 60
3.4 Comunicazione online a supporto di un processo di apprendimento 63
    3.4.1 News group 64
    3.4.2 Chat 67
    3.4.3 Forum 71
3.5 Conseguenze sull'apprendimento e sull'insegnamento 73

Capitolo 4
Diritto d'autore in rete — 77
Silvia Selvaggi

4.1 Normative nazionali e internazionali 77
4.2 Società dell'informazione: obiettivi e servizi 80
4.3 Innovazioni tecnologiche e nuove esigenze giuridiche 81
4.4 Architettura del cyberspazio: originaria neutralità della rete 83
4.5 Valore del copyright e della proprietà intellettuale nell'era del web 86
4.6 Barriere al diritto di accesso 90
4.7 Direttiva 2001/29/CE 91

Glossario — 95
a cura di **Elisa Manzi**

Letture consigliate — 111

Introduzione

a cura di
Vincenzo Sica

Ho accettato volentieri di scrivere questa introduzione al libro "*e-Learning: Nuovi strumenti per insegnare, apprendere, comunicare online*" di Selvaggi, Sicignano e Vollono. Ciò mi permette di dare un contributo alla riflessione sul futuro ruolo delle Università, che continuano ad essere un punto di riferimento fondamentale per la società, nonostante le sempre maggiori difficoltà in cui versano oggi. Riflessione che non può non fare i conti con la tradizione quasi millenaria di tale istituzione e con i mutamenti che si vanno delineando nell'attuale fase di profonda trasformazione, destinata a consolidarsi e svilupparsi ulteriormente nei prossimi decenni.

Nella lunga e complessa storia dell'Università e delle sue trasformazioni al mutare del contesto istituzionale, sociale ed economico, è possibile individuare alcuni caratteri che si sono mantenuti nel tempo, che potremo chiamare il suo "patrimonio genetico". Tra questi vi è l'intreccio tra insegnamento e ricerca e la coesistenza unitaria dei saperi, da quelli delle scienze matematiche e naturali a quelle umane. L'Università è il luogo dell'insieme delle discipline, perciò il luogo dell'unità della cultura.

Questa caratteristica mantiene oggi un'importanza fondamentale rispetto ai fenomeni di tecnicizzazione e di parcellizzazione crescenti dei saperi e delle discipline. Pochi sono gli scienziati che conoscono materie scientifiche diverse dalla propria e possiedono nozioni di carattere storico, letterario, artistico. Moltissimi ricercatori, travolti dall'accelerazione del progresso delle conoscenze o dall'affanno di produrre risultati, perdono il contatto con l'essenza dell'impresa scientifica e culturale nella sua complessità e si trasformano in tecnici della produzione di conoscenze settoriali.

Accade anche che uomini di lettere e specialisti delle scienze sociali e umane abbiano di norma una comprensione debole e un dialogo tutt'altro che intenso con gli scienziati.

I fattori che hanno determinato tale situazione sono molteplici e riguardano soprattutto il campo scientifico: il ricorso alla formalizzazione ed alla sperimentazione; lo sviluppo di linguaggi distanti da quelli comuni; il diverso ruolo della memoria, senza dimenticare l'autolimitazione dei campi di indagine che la cultura scientifica si è imposta.

Tuttavia, è sempre più sentita l'esigenza di recuperare l'unità della cultura e l'Università, luogo di coesistenza e di incontro delle diverse discipline, ha una funzione centrale rispetto a tale bisogno di interdisciplinarietà che nasce dalla natura stessa dei grandi problemi socio-economici e saprà tener conto dei tempi nuovi della globalizzazione e della società della conoscenza.

L'aspetto della globalizzazione, che ha avuto una grande ricaduta sul tema che stiamo affrontando, è costituito dalla spinta esercitata nell'evoluzione dei grandi blocchi regionali. Grazie a programmi di mobilità degli studenti e di sostegno a progetti di innovazione, in questi anni si è infatti costruito uno spazio comune europeo che ha fatto crescere le cooperazioni tra i sistemi di istruzione e in particolare tra le Università, creando una rete molto diffusa di rapporti. In questo spazio condiviso, si collocano il futuro delle Università e le vie attraverso cui essa svilupperà le sue funzioni di insegnamento e di ricerca, esercitando il suo ruolo di cooperazione tra i saperi scientifici ed umanistici.

Insieme con il processo di globalizzazione si è verificato il passaggio alla società della conoscenza, caratterizzata da due paradigmi: la crescita dei saperi e delle corrispondenti applicazioni nell'organizzazione della società e il mutamento nei modi di memorizzazione e di trasferimento dei saperi.

Gli sviluppi tecnologici (convergenza di telecomunicazioni e informatica, realizzazione di reti telematiche, integrazione dei linguaggi) hanno reso possibile offrire servizi in un luogo e in un momento diversi da quello della produzione, grazie al superamento dei vincoli di spazio e di tempo.

Tale prospettiva è destinata a crescere in settori un tempo riservati ad un rapporto spaziale contemporaneo, come l'insegnamento, l'assistenza, il commercio e lo spettacolo.

Si è innescato un processo continuo e progressivo di codificazione, memorizzazione e trasferimento di saperi e di funzioni a strutture automatiche e informatiche e la frontiera di questo processo si sposta sempre più in avanti. Le conseguenze sui sistemi di ricerca e di insegnamento e sulle università sono enormi, non esito a dire rivoluzionarie. La comunicazione globale, simbolizzata dalla rete, espande e moltiplica la possibilità sia di acquisire informazioni e conoscenze sia di stabilire interazioni e scambi.

In un tale contesto, per l'istruzione, è anzitutto destinata a crescere l'autonomia di chi apprende. Ciascuno di noi sa, per esperienza diretta, che nella propria formazione ha avuto uno spazio importante l'apprendimento autonomo dai libri e dall'esperienza di lavoro. Oggi c'è uno spostamento radicale della frontiera dell'apprendimento tradizionale attraverso il rapporto con il docente verso l'auto-apprendimento con le tecnologie multimediali e/o a distanza. Oggi è possibile avere accesso, attraverso la rete, non solo ad un libro in formato elettronico, ma a veri e propri progetti didattici completi. Oggi si sviluppano vere e proprie forme di cooperazione virtuale che prefigurano vie nuove per realizzare comunità di studio e di ricerca.

Parallelamente si trasformano le funzioni del docente e del ricercatore, che sono chiamati ad operare nel contesto dei nuovi modi di produzione e di trasmissione del sapere. Le implicazioni di queste trasformazioni sono molte ed è evidente l'importanza di studiare approfonditamente il passaggio da una comunicazione centrata per secoli sulla parola e sul libro e da un insegnamento fondato sul rapporto diretto con un docente ad una comunicazione basata sull'integrazione di diversi linguaggi e ad una dematerializzazione dei rapporti.

È un cambiamento di peso almeno pari a quello gutemberghiano della tecnologia della stampa, che indusse mutamenti profondi nell'attività di scrittori e di lettori, di insegnanti e di studenti, e nei loro rapporti.

Il processo va esaminato con spirito aperto, consapevoli come Tacito che «tutte le cose che ora si credono antichissime furono nuove» e generarono a loro tempo timori e resistenze.

Dalla riflessione fin qui sviluppata emerge un quadro di mutamento nel quale le Università sono pienamente immerse. La nuova domanda e le nuove opportunità esercitano una pressione crescente e spingono a innovazioni di prodotto, di processo, di sistema. Contestualmente la complessità e l'articolazione dei sistemi di ricerca e di istruzione terziaria, l'espansione dei settori disciplinari, l'allargamento alla dimensione europea, l'espansione delle nuove tecnologie della comunicazione generano forti spinte a interazioni e rapporti non solo con altre Università, ma anche con istituzioni diverse, all'assunzione di nuovi programmi, all'avvio di nuove iniziative.

È in atto dunque un processo di mutamento nel ruolo e nell'assetto dell'Università che ci fa interrogare sul suo futuro. La risposta non è scontata, per le difficoltà di trovarci all'interno del processo di cambiamento e dall'interazione tra passato, presente e futuro a cui ho accennato all'inizio della presentazione. Una cosa però a me sembra evidente: l'Università dovrà operare inserendosi a pieno titolo nel contesto della società della conoscenza e dunque utilizzando le potenzialità offerte dai nuovi linguaggi e dalle nuove tecnologie della comunicazione, senza tuttavia rinunciare a continuare a rappresentare lo spazio fisico reale di incontro e di comunicazione in cui si risponde al bisogno di socializzazione, radicato ed irrinunciabile in ogni attività umana.

Napoli, luglio 2007 *Prof. Vincenzo Sica*
Ordinario di Patologia Clinica
Dipartimento di Patologia Generale
Seconda Università degli Studi di Napoli

Capitolo 1

Nuove tecnologie a sostegno della didattica

Silvia Selvaggi, Gennaro Sicignano, Enrico Vollono

1.1 Definizioni e concetti principali

Nel passaggio dalla formazione classica in presenza alla formazione tramite e-learning lo studente è caricato di maggiori responsabilità; il suo ruolo, infatti, è reso più attivo da chi si occupa della creazione dei percorsi formativi online affinché egli non sia solo il destinatario passivo dei contenuti più svariati, ma sia anche guidato in un processo di acquisizione critica di tali contenuti. Questo risultato può essere ottenuto mediante un confronto continuo con gli altri studenti e con i docenti, quindi una rete di telecomunicazione, considerata come un sistema che permette lo scambio di informazioni tra utenti distribuiti sul territorio, si pone da sé come la premessa fondamentale per la moderna formazione a distanza.

Grazie ad Internet il concetto di formazione viene svincolato dall'idea di presenza contemporanea nel medesimo luogo di docenti e discenti. Tuttavia il concetto di formazione a distanza è molto più vecchio rispetto alla tecnologia che attualmente la supporta; oggi, infatti, si parla dell'e-learning come della formazione a distanza di terza generazione.

Le tre generazioni si possono distinguere in base al tipo di supporto comunicativo utilizzato:

- La formazione a distanza di prima generazione nasce verso la fine dell'Ottocento con lo sviluppo delle reti di trasporto e dei servizi postali; grazie a tali mezzi di comunicazione si diffondeva materiale cartaceo a studenti che avevano difficoltà a rag-

⬅ *Tre generazioni di formazione a distanza*

giungere le sedi scolastiche. In questo tipo di formazione la comunicazione è uno a uno e l'interazione è quasi inesistente.
- La formazione a distanza di seconda generazione nasce col potenziamento delle tecnologie audiovisive, che hanno permesso ad un numero maggiore di utenti di accedere all'istruzione. In questo secondo tipo di formazione la comunicazione è uno a molti e l'interazione con il docente è molto lenta mentre è inesistente quella tra i studenti.
- La formazione a distanza di terza generazione, infine, origina dal massiccio utilizzo delle strutture informatiche che permettono la diffusione di materiale didattico in formato elettronico piuttosto che cartaceo. Oggi il processo di comunicazione è molti a molti e l'interazione diventa veloce sia tra studenti che tra studenti e docenti.
- Con il passaggio alla formazione a distanza di terza generazione, cioè all'e-learning propriamente detto, il processo formativo ha subito una vera e propria rivoluzione in quanto è stato possibile rimettere al centro del progetto educativo l'interazione tra tutti i partecipanti, così come avviene nella formazione in presenza, con tutti i vantaggi derivanti da questo.

Prima di parlare dell'e-learning, cominciamo col dare delle definizioni che aiuteranno a comprendere meglio gli argomenti che verranno più dettagliatamente trattati in seguito.

Definizione di e-learning della Commissione Europea ➔ La **Commissione Europea**[1] definisce l'e-learning in questo modo:

> «L'e-learning è "l'istruzione di domani", il nuovo modo di studiare reso possibile dalle tecnologie dell'informazione e della comunicazione. Con tale espressione si indica quindi l'uso della tecnologia per progettare, distribuire, selezionare, amministrare, supportare e diffondere la formazione, realizzando percorsi formativi personalizzati. Si ha così una nuova prospettiva: non è più l'utente a dirigersi verso la formazione, ma è la formazione a plasmarsi in base alle esigenze e alle conoscenze dell'utente.»

---

[1] Citazione tratta dal documento "EUROPEAN ACT", stilato dalla Commissione Europea relativamente agli sviluppi dei nuovi sistemi utilizzati nella formazione

Ciò fa riflettere sul ruolo centrale che la tecnologia ricopre in questo nuovo modo di fare di formazione; la naturale conseguenza è la nascita di processi e concetti nuovi che sarà bene illustrare prima di procedere.

Tutor. Nella formazione a distanza il tutor è una figura centrale, un riferimento per gli studenti come supporto nelle varie fasi dell'apprendimento. Un tutor può essere un esperto dei contenuti che fa da supporto agli studenti o semplicemente un tramite "tecnologico" con un gruppo di esperti a cui indirizzare i dubbi e le necessità dei discenti. Caratteristica che deve essere sempre presente nella figura del tutor è essere mediatore e facilitatore tra i vari utenti e, lì dove ciò fosse necessario, tra gli utenti e la tecnologia.

← Nuovi concetti di un nuovo modo di fare formazione

Audio/video conferenza. La trasmissione a distanza di ciò che accade in un determinato luogo verso altri luoghi geograficamente distribuiti sul territorio viene detta audioconferenza o videoconferenza, a seconda che i contenuti siano solo audio oppure audio e video. L'evento in questione può svolgersi in un numero imprecisato di luoghi diversi dotati di strumentazioni di ripresa audio/video e viene trasmesso alle sedi di destinazione opportunamente collegate ed attrezzate per la ricezione e la riproduzione dei contenuti.

Aula virtuale. L'aula virtuale può essere considerata come un'evoluzione della videoconferenza classica. Come avviene nella videoconferenza la lezione del docente è registrata in un luogo e fruita dai discenti in luoghi differenti sparsi sul territorio, ed è possibile non solo per il docente interagire con gli studenti, ma anche per gli studenti interagire con il docente. Rispetto alla videoconferenza classica c'è tutta una serie di strumenti di condivisione delle risorse, che oggi stanno diventando patrimonio anche di molte piattaforme di videoconferenza.

Comunicazione. La comunicazione, e gli strumenti che la tecnologia mette a disposizione per realizzarla e di cui parleremo diffusamente dopo, è il punto centrale della formazione a distanza di terza generazione in quanto ogni discente deve percepire di non essere lasciato solo davanti ad un personal computer. È fon-

Definizione dei nuovi strumenti a disposizione della formazione →

damentale che lo studente si senta parte integrante del processo formativo, che si senta parte di una classe, che abbia un contatto con gli altri studenti e con tutor e docenti e che questi non restino figure astratte.

Messaggistica. Molte piattaforme consentono di inviare messaggi ad uno o più utenti della piattaforma stessa con la possibilità di gestire file come la posta elettronica, cioè creare cartelle, ordinare i file, vedere i messaggi spediti, allegare file ai messaggi, ecc.

Forum. Il forum è uno strumento di interazione asincrona nel quale soggetti differenti inseriscono messaggi in relazione ai temi discussi. I messaggi vengono inseriti e permangono nel tempo e questo permette uno scambio di idee ed opinioni prolungato e non vincolato dalla contemporaneità di connessione.

Chat. La chat è uno strumento di interazione sincrona nel quale più soggetti si scambiano brevi messaggi di testo in tempo reale; per questo è necessario che essi siano collegati al sistema nello stesso momento, emulando, in questo modo, una conversazione. Contrariamente al forum, inoltre, i messaggi non sono permanenti.

Blog. Il termine blog è la contrazione di *web log*, ovvero "traccia su rete", una specie di diario nel quale si può esprimere il proprio parere. È un vero e proprio sito web, creato mediante l'utilizzo di apposite interfacce utilizzabili anche senza competenze specifiche, nel quale ciascuno scrive le proprie idee, riflessioni, notizie di vario genere, link a siti di proprio interesse, ecc.

Lavagna condivisa (*wiki*). È uno strumento che permette di interagire a più mani, dando la possibilità a tutti di aggiungere contenuti e di modificare i contenuti già presenti ed inseriti da altri utenti.

Agenda. È la trasposizione informatica dell'agenda cartacea e, come tale, raccoglie tutti gli appuntamenti presenti in piattaforma, dalle date di inizio dei corsi alle date di eventuali prove programmate alle date di chat con docenti su argomenti particolari, ecc.

FAQ (*Frequently Asked Questions*). È una collezione delle domande più frequenti su un certo argomento e delle relative risposte.

PBL (*Problem-Based Learning*). "Apprendimento basato su un problema", è una metodologia di insegnamento alternativa rispetto al classico apprendimento basato sui contenuti (*Subject-based learning*) ed è centrata sull'allievo in quanto gli viene proposto un problema reale al quale deve dare una soluzione basandosi sia sulle conoscenze pregresse che su quelle nuove, entrambe necessarie alla soluzione del problema presentato.

Brainstorming. È un metodo decisionale che consiste in dibattiti finalizzati a tirar fuori idee e proposte escludendo ogni giudizio critico e accettando ogni forma di proposta.

1.2 Reti di telecomunicazioni

Oggigiorno la parola "rete" è oramai fortemente inflazionata e la si collega sempre all'idea di tecnologia. Appena si parla di rete la prima cosa che viene in mente è "Internet" oppure "la rete telefonica", entrambe strutture tecnologiche. Ma, se ci fermiamo a riflettere proprio su questi due esempi di reti, possiamo ricavare una definizione molto più generica di rete di telecomunicazione, intesa come un sistema che permette lo scambio di informazioni tra utenti dislocati in luoghi diversi.

⬅ *La Rete come sistema per lo scambio di informazioni tra individui in luoghi diversi*

In base a tale definizione, possiamo fare un salto indietro nel tempo e dire che anche gli indiani d'America nel 1400, i cinesi del III secolo a.C. e le tribù africane non solo avevano già compreso il concetto di rete e la sua utilità, ma ne sfruttavano appieno i vantaggi, anche senza la tecnologia che oggi accompagna l'idea di rete. Com'è possibile? Chi non ha mai sentito parlare dei segnali di fumo con cui gli indiani d'America comunicavano a distanza oppure del tam tam col quale gli indigeni africani comunicano nella giungla; e la muraglia cinese? Lunga più di 6.000 chilometri è l'unica opera dell'uomo visibile dallo spazio; costruita a partire dal III secolo a.C. essa rappresenta, oltre che una difesa per impedire le incursioni dei popoli confinanti, anche una sicura ed efficiente via di comunicazione, attraverso la quale potevano passare sia le richieste di rinforzi in caso di attacco, che messaggi di ogni altro tipo.

Scopo delle reti: ➜
lo scambio di informazioni

A questo punto ci rendiamo conto di come la società moderna, con l'avvento dell'elettronica, abbia solo ripreso un concetto "antico" e lo abbia rivisitato in chiave tecnologica; quello che è rimasto inalterato è l'utilizzo che si fa delle *reti*. Di qualunque natura siano, sia che utilizzino come mezzo la luce, o il suono, o l'elettronica dei circuiti integrati, esse hanno come scopo lo scambio di informazioni.

Tornando ai giorni nostri, e restringendo il campo di osservazione, ci accorgiamo che il problema, traslato naturalmente sui moderni personal computer, resta sempre lo stesso, cioè la necessità di dover spostare da un computer ad un altro una certa quantità di dati, modesta o considerevole che sia. Una possibile soluzione per questo problema potrebbe essere l'utilizzo di unità di archiviazione dei dati (floppy, CD, DVD, HD esterni, ecc.) che ne permettano il trasporto da un computer all'altro. Ma questa soluzione prevede, come premessa fondamentale, che tutti i computer abbiano periferiche di archiviazione dei dati e sistemi operativi compatibili in modo da rendere possibile la scrittura dei dati sui supporti di memorizzazione citati e la lettura di questi dagli stessi supporti. Chiunque abbia avuto un'esperienza, anche minima, di trasferimento dati tramite floppy o CD potrà testimoniare che molte volte questa operazione non risulta per niente semplice. In più, questa operazione può risultare parecchio scomoda e costosa se la mole dei dati da trasferire è molto elevata o se il computer di destinazione risulta localizzato in un'altra stanza della stessa struttura, o in un'altra struttura, o in un'altra città, nazione o addirittura in un altro continente.

Per superare tali difficoltà, abbattendo anche i costi di trasferimento, si sono costruite le reti di computer le quali permettono di spostare ingenti quantità di documenti ad alta velocità, semplicemente con un click.

Senza soffermarsi eccessivamente su dettagli tecnici, ai fini del nostro discorso è utile distinguere le varie

tipologie di reti. Uno dei criteri principali di classificazione delle reti è la loro **estensione**; in base ad essa è possibile individuare le seguenti tipologie di reti:
- **reti locali** (*Local Area Network*, **LAN**), di limitata estensione, che consentono di collegare tra loro dispositivi collocati nello stesso edificio o in edifici adiacenti;
- **reti metropolitane** (*Metropolitan Area Network*, **MAN**), di dimensioni tali da consentire il collegamento di dispositivi collocati nella stessa area urbana;
- **reti geografiche** (*Wide Area Network*, **WAN**), di ampie dimensioni, impiegate per il collegamento di dispositivi diffusi in un'ampia area geografica;
- **reti di reti**, collegamenti di più reti differenti (in termini sia hardware che software) mediante opportuni elementi di interfaccia, che si possono estendere su tutto il pianeta, come è il caso ben noto di **Internet**.

← *Tipologie di reti caratterizzate dalla loro estensione*

La rete LAN è la premessa per la realizzazione di qualunque altro tipo di rete poiché le reti di dimensioni maggiori possono essere considerate come l'unione di più reti locali. Una rete metropolitana, infatti, può essere vista come l'unione di più reti locali così come una rete geografica può essere vista come l'unione di più reti metropolitane.

Per poter allestire una rete LAN, prima di tutto, sono necessari due o più computer da poter collegare tra di loro; ognuno di questi computer, però, da solo non ha la capacità di colloquiare con un altro computer. Per poter "dialogare" ogni computer deve essere dotato di un dispositivo hardware, una scheda di rete, che gli permette di potersi interfacciare con il resto della rete. L'hardware, però, come spesso succede, non basta per poter far "parlare" i vari computer della rete; quello che serve è un "software di rete" che normalmente è già incluso in tutti i sistemi operativi presenti sul mercato.

A questo punto abbiamo dei computer equipaggiati dell'hardware e del software per poter dialogare tra di loro; serve ora un canale trasmissivo che li colleghi fisicamente: il cavo. Un ultimo "pezzo" serve a concludere l'assemblaggio della rete, un oggetto a cui connettere tutti i cavi provenienti dai vari computer e che sia "intelligente" in modo da poter smistare i dati all'interno della rete; si tratta di un *hub* o di uno *switch*, che possono influenzare molto le prestazioni delle reti.

Gli *hub* sono solo dei ricevitori passivi che smistano il traffico che ricevono su tutta la rete; mentre gli *switch*, sono strumenti attivi perché smistano il traffico ricevuto solo al computer di destinazione potendo riuscire a leggere il "nome" del destinatario.

Per ora ci siamo occupati di una singola rete LAN, ma che succede se vogliamo connettere tra di loro computer di due reti LAN differenti? Per fare ciò servono altre periferiche una delle quali è il *router*, una sorta di "scatola" intelligente che, in base a tabelle dette "di routine", è in grado di smistare il traffico all'esterno scegliendo il percorso migliore per farlo giungere a destinazione.

Linguaggio unico di comunicazione per il dialogo tra computer ➔ Per poter dialogare tra di loro i computer presenti su una rete hanno bisogno di un unico linguaggio di comunicazione: il protocollo TCP (*Transmission Control Protocol*), che ha la funzione di trasportare i dati sulla rete e lo fa in due passi successivi; nel primo suddivide il dato in "pacchetti" che nel secondo vengono spediti, dopo aver associato ad ogni pacchetto sia l'indirizzo IP (*Internet Protocol*) del mittente che quello del destinatario. Cosa molto importante è che, prima di spedire il pacchetto successivo, si accerta che il primo sia arrivato a destinazione. Se da un lato è vero che questo appesantisce la connessione poiché i meccanismi di controllo "viaggiano" anch'essi sulla rete insieme ai dati, dall'altro questo meccanismo garantisce l'integrità dei dati stessi al momento della ricostruzione sul computer destinatario in quanto il controllo è fatto in maniera propedeutica e se un pacchetto viene perso il sistema provvede al recupero.

1.3 Hardware e software

1.3.1 Hardware

Per hardware si intende ogni dispositivo o componente del sistema che abbia consistenza fisica, che si possa toccare, e che con il proprio contributo consenta il funzionamento di un computer o la realizzazione di specifiche funzioni. Fanno parte di questa categoria le periferiche esterne, quelle interne e tutti i componenti fisici di un computer.

Le periferiche esterne sono tutti quei componenti che, collegati ad un computer, gli permettono di realizzare un compito. Tastiera, mouse e video rappresentano le prime periferiche esterne di un computer. Grazie ad esse è possibile interagire con la macchina, in particolare tastiera e mouse permettono l'interazione di tipo *input* (uomo-computer), mentre il video di tipo *output* (computer-uomo). La stampante è un dispositivo di uscita che consente di fissare dati o informazioni direttamente su un supporto fisico, nella maggior parte dei casi su carta. Lo scanner è un dispositivo di entrata che consente di acquisire dati o informazioni direttamente da un supporto fisico, nella maggior parte dei casi da un foglio di carta. I modem sono strumenti per la comunicazione di computer con altri computer. Oggigiorno esistono diversi tipi di modem, da quelli analogici a 56 KB a quelli per collegamento ADSL (*Asymmetric Digital Subscriver Line*).

⬅ *Periferiche esterne che permettono di realizzare un compito*

Webcam, microfono e casse acustiche, sono periferiche esterne per la comunicazione multimediale ormai molto diffuse. Consentono di mediare informazioni sotto forma di suoni e animazioni. Attraverso microfono e webcam è possibile acquisire audio e video dell'operatore o dell'oggetto che viene ripreso. Tali flussi multimediali possono essere trasmessi in tempo reale attraverso il web oppure archiviati su supporti di memorizzazione sotto forma di file. Per la memorizzazione di dati e file si utilizzano periferiche come Hard Disk (HD) esterni o altri dispositivi come masterizzatori. Questi ultimi sono in grado di scrivere i dati su supporti rimovibili i CD e i DVD, seguendo opportuni standard e protocolli. Altre periferiche nascono per esigenze di sicurezza o per permettere il riconoscimento della persona; ad esempio lettori di smart card, che autorizzano l'accesso di un utente ad un determinato sistema solo se in possesso del codice univoco di riconoscimento della propria card; o dispositivi per il riconoscimento biometrico, che si basano sul riconoscimento di una caratteristica fisica dell'individuo, come per esempio, l'impronta digitale, la voce, l'iride, il profilo della mano o il volto.

⬅ *Periferiche multimediali per mediare informazioni in forma di suoni e animazioni*

Componenti interni: permettono al computer di accendersi e lavorare ➡

I componenti interni sono tutti quei dispositivi ospitati all'interno del corpo macchina grazie al cui funzionamento un computer può accendersi e lavorare. La scheda madre si occupa di alimentare tutti i componenti del computer e collegarli tra loro in modo opportuno. Il cervello di un qualunque computer è rappresentato dal processore, che si fa carico di svolgere tutti i calcoli e le elaborazioni necessari al funzionamento della macchina. Più è veloce questo componente più il computer che lo ospita sarà performante.

Per poter elaborare dei dati è necessario disporre di qualcosa in grado di contenerli prima dell'elaborazione e di contenere i risultati dell'elaborazione stessa, questa funzione è realizzata dalla memoria RAM (*Random Access Memory*, memoria ad accesso casuale). La RAM è una memoria volatile, cioè perde completamente tutto il suo contenuto quando non è alimentata. Essa è anche una memoria molto veloce, ecco il motivo per cui può lavorare direttamente con il processore per le elaborazioni e la manipolazione dei dati.

Tutto ciò che non occorre per il funzionamento contestuale del PC viene ospitato nell'HD interno sotto forma di file o nella così detta memoria virtuale. L'HD interno è una memoria meno veloce della RAM ma molto più capiente, può arrivare e superare i 250 GB. In una macchina possono essere presenti più HD, in tal modo le capacità di memorizzazione originali della macchina stessa possono aumentare notevolmente.

Uno dei requisiti dei moderni computer è la possibilità di collegarsi ad altri computer in una rete locale oppure alla rete delle reti: Internet. Per consentire tale funzionalità possono essere utilizzati due componenti: il modem e la scheda di rete. Anche se si prefiggono lo stesso scopo, almeno a prima vista, sono componenti ben diversi. Il primo infatti permette la comunicazione tra computer sfruttando come canale trasmissivo le reti telefoniche. Modem è l'acronimo di Modulatore Demodulatore; in pratica in un modello semplificato di comunicazione esso riceve il flusso di dati dal computer a cui è collegato, lo trasforma opportunamente in modo da renderlo compatibile con il canale trasmissivo e lo invia attraverso il canale stesso. All'altro capo del canale è presente un altro componente simile che effettua l'operazione inversa, quindi riceve il flusso di dati dal canale, lo trasforma in modo da renderlo compatibile con il computer a cui è collegato e glielo invia, ovviamente la comunicazione è bidirezionale.

Esistono diverse tipologie di modem in base al tipo di canale trasmissivo e alle prestazioni richieste. La scheda di rete consente il collegamento di un computer direttamente a una rete di altri computer. Quella attualmente più diffusa è la scheda di rete che supporta il protocollo ETHERNET. I dispositivi di output quali monitor e casse acustiche sono collegati esternamente al computer e per poter funzionare devono essere opportunamente pilotati, attraverso apposite schede: scheda video e scheda audio. Esistono diverse versioni di tali periferiche da quelle integrate sulla scheda madre a quelle separate; in generale esse differiscono per qualità e prestazioni che riescono a garantire.

1.3.2 Software

Se l'hardware è tutto ciò che possiamo toccare in un computer, il software è ciò che pur svolgendo compiti ben precisi, non è tangibile. Potremmo dire che il software rappresenta l'intelligenza di un computer, si tratta infatti dell'insieme dei programmi che governano e garantiscono il corretto funzionamento del computer e delle funzionalità che può fornire.

I software si dividono in due macro categorie: il Sistema Operativo (SO) e il Software Applicativo. Il SO è quel programma (o quel insieme di programmi) che controlla l'hardware e permette a un computer di funzionare. Tra i SO più diffusi ricordiamo Microsoft Windows, Unix, Linux, Mac Os. Il SO ha tra i suoi compiti anche quello di gestire al meglio le periferiche presenti sulla macchina, compito che riesce a svolgere con l'ausilio dei driver. Questi sono moduli software aggiuntivi, forniti dal produttore della periferica, che consentono un interfacciamento standard tra SO e la periferica stessa. Potremmo dire che i driver insegnano al SO come parlare con la periferica in oggetto. Un tipico esempio di driver è quello che istalliamo quando dotiamo il nostro computer di una nuova stampante, fino a quando non abbiamo correttamente istallato i driver per essa, il nostro computer non è in grado di usarla.

← *Sistema operativo e software applicativo*

Il software applicativo è l'insieme dei programmi sviluppati per assolvere a compiti utili per l'utente e non strettamente connessi al funzionamento del computer.

Esempi di software applicavi possono essere il programma di video scrittura, il foglio di calcolo, il programma per la catalogazione e visualizzazione delle immagini, ecc.; numerose sono le tipologie di tali software, che possono anche rispondere a precise esigenze dell'utente.

1.4 Hardware utilizzato in applicazioni di e-learning

In applicazioni di e-learning si devono distinguere diverse tipologie di attività da realizzare. In funzione dell'attività stessa, infatti, potrebbe esserci l'esigenza di una configurazione software e hardware specifica. In questo paragrafo individueremo alcune di queste tipologie e cercheremo di definirne la migliore configurazione.

Postazione client necessaria per le attività di docenti e discenti ➡ **Client generico.** Questa è la generica macchina utilizzata da discenti o docenti per le consuete attività. Non deve essere una macchina particolarmente performante, anche se in generale più è potente la macchina e meglio si lavora con essa. Ovviamente deve disporre dei componenti che oggigiorno si possono trovare di serie su una postazione multimediale: scheda video, scheda audio e diffusori, microfono, webcam, accesso alla rete. Gli studenti potranno consultare materiale informativo, materiale didattico, approfondimenti su tematiche di loro interesse, o potranno seguire percorsi formativi adeguatamente predisposti, interagire con docenti e tutor attraverso chat, forum e strumenti di video conferenza, e infine potranno verificare il livello di preparazione raggiunto attraverso test di autovalutazione. I docenti potranno predisporre e definire le caratteristiche dei propri corsi, gli strumenti da rendere disponibili, i materiali di studio e di approfondimento, in più potranno sfruttare strumenti di monitoraggio delle attività.

Postazione per la produzione grafica. La comunicazione via web deve prestare particolare attenzione agli aspetti grafici. L'impostazione e lo stile grafico di un sito web spesso ne influenzano fortemente l'efficacia, la chiarezza e l'usabilità. Questo aspetto è ancora più vero in applicazioni di e-learning, nelle quali lo scopo che si vuol conseguire è quello di trasferire conoscenze sfruttando lo strumento telematico.

⬅ *Postazione per la grafica*

In generale, quindi, potrà essere necessario allestire una postazione dedicata alla grafica, una postazione di produzione e post produzione per la realizzazione dei vari contributi: immagini, suoni, video ed animazioni da utilizzare nelle singole lezioni. Tale postazione dovrà disporre di strumenti adeguati, in particolare un processore performante, hard disk veloci, molta memoria RAM, schede hardware per video e audio di buona qualità e scheda di acquisizione video.

Postazione per l'erogazione. Attualmente le soluzioni di e-learning sviluppate, *open source* o proprietarie, seguono il paradigma di applicazioni web based, tutta la parte di interfacce dell'applicazione, cioè, è realizzata usando un browser, tipo Internet Explorer o Firefox, per citare i più noti. Ciò comporta la necessità di almeno una postazione, meglio se una macchina server in grado di fornire le funzionalità di server web, server database e server multimediale. Come indicano i nomi, essi si occupano rispettivamente di rendere disponibili le pagine web per l'utilizzo da parte di tutti gli utenti attraverso internet, di registrare e tenere traccia di tutte le informazioni in un database e di erogare contenuti multimediali di solito in streaming. Le caratteristiche specifiche dipendono dalla quantità di dati e di utenti che si prevede di dover gestire, e maggiori sono queste quantità più la macchina servitrice dovrà essere potente; inoltre, un'attenta valutazione deve essere fatta anche per la banda di uscita che la nostra struttura è in grado di garantire. In generale, però, le componenti che dovranno sempre essere presenti sono il server web e il server database.

⬅ *Postazione per l'erogazione*

1.5 *Content repository* e ambiente di apprendimento virtuale

Le nuove tecnologie, e in particolare lo sviluppo di internet, hanno modificato molti aspetti della vita dell'uomo: dal modo di comunicare, lavorare, progettare al modo di fruire e fare didattica.

Rete come "villaggio globale" ➡ Internet è un ambiente in cui si agisce come persona e attraverso cui si interagisce tra persone. La rete, dunque, diventa un canale di comunicazione e relazioni umane e, grazie ai supporti informatici, muta il modo di fornire e reperire informazioni. In tale contesto si avvia il declino della tradizionale definizione secondo cui la rete rappresenta un immenso archivio di informazioni. Piuttosto, è un "villaggio globale" in cui è possibile con facilità interagire, cooperare, condividere, dialogare, apprendere e istruire in modo diverso, a distanza, tra persone di luoghi e ambienti differenti. Detto in una parola si tratta di **e-learning**, che, propriamente utilizzato, consente di mettere in pratica proposte di insegnamento rivoluzionarie. È qualcosa che va oltre i metodi e gli strumenti tradizionali, ma non mira a negarli per sostituirli con ciò che si ritiene migliore. È una nuova metodologia che, conservando quanto di meglio è maturato nella didattica tradizionale, punta ad integrare e rendere più efficiente il sistema di insegnamento-apprendimento. La mediazione del computer, dunque, ha modificato il modo di insegnare e ancor di più il modo di apprendere, trasformando la comunicazione unilaterale e la supervisione dall'alto verso il basso in un lavoro di gruppo, d'interazione e cooperazione tra pari.

Vantaggi dell'e-learning ➡ Molti i vantaggi di tipo spazio-temporali offerti da tale metodologia. Ciascun discente può studiare secondo propri tempi e ritmi, stando anche lontano dal luogo di studio; la possibilità di interagire in modo sincrono e asincrono coi propri colleghi. Insomma, cambia il modo di fare didattica: lo studente è messo in condizione di apprendere qualcosa non soltanto ed esclusivamente dalla lezione del docente e dallo studio dei libri, ma anche attraverso lo scambio intellettuale tra colleghi grazie all'interazione favorita dalla rete e grazie alla fruizione della stessa lezione strutturata in maniera innovativa e costruttiva. Contra-riamente a quanto si pensa, l'uso delle nuove tecnologie non deve isolare, ma potenziare le relazioni tra individui anche se non presenti simultaneamente. Questa nuova metodologia mira, infatti, a creare una "comunità virtuale" di apprendimento, che opera in rete attraverso strumenti telematici di collaborazione. Di qui, dunque, la necessità di un ambiente di formazione multimediale, la cui progettazione e sviluppo può rispondere a esigenze diverse: quelle di una didattica integrata e supportata dalla nuove tecnologie (*blended learning*) o una didattica totalmente online. In entrambi i casi l'obiettivo è quello di creare un ambiente di apprendimento, in cui il discente possa acquisire nuove competenze, non di tipo informatico ma di tipo "partecipativo" e cioè condividere il sapere, mettersi in relazione all'interno del gruppo per apprendere in modo collaborativo, abituarsi ad acquisire conoscenze in un contesto nuovo e aperto.

⬅ *Ambiente di formazione multimediale in base alle esigenze*

Naturalmente c'è differenza tra un semplice *content repository* e un ambiente interattivo.

⬅ *Content repository*

Il primo rappresenta un archivio informatico dove vengono depositati dati e file per poter essere immagazzinati o distribuiti tramite un canale telematico. Può trattarsi di un semplice sito web in cui chiunque può salvare i propri dati per un possibile riutilizzo da parte di altri, o può trattarsi di uno spazio web allestito come supporto all'attività didattica, in cui facilmente formatori e utenti possono inserire dispense, materiale di approfondimento e qualsiasi altro tipo di file da poter scaricare sul proprio computer altrettanto facilmente, con un click, senza che ci sia necessariamente interazione.

Un ambiente di apprendimento virtuale e interattivo, invece, rappresenta un sistema telematico con funzioni e strumenti tecnologici in grado di supportare e integrare il tradizionale processo di insegnamento-apprendimento. Affinché un sistema di apprendimento virtuale sia adeguato ai bisogni formativi dei discenti è necessario che risponda ad alcuni requisiti (strumenti adeguati, facilità d'uso, possibilità di monitorare e valutare, ecc.) altrimenti molto probabilmente rimarrà inutilizzato o verrà usato con scarso successo. Tale sistema è detto anche piattaforma e-learning, risiede su un server web e può essere utilizzato a distanza secondo i tempi e i ritmi dell'utente, che vi accede con una login e una password. La piattaforma

⬅ *Ambiente interattivo*

e-learning si presenta, infatti, con una doppia interfaccia, un lato "utente" (di sola visualizzazione di informazioni) e un'area riservata per la gestione dei corsi e l'interazione coi corsisti, consultabile solo previa autenticazione. Configurati i parametri di gestione dall'amministratore di sistema, i docenti e i tutor possono accedere facilmente, grazie ad un'interfaccia web, ad un pannello di gestione e configurare il corso secondo le proprie esigenze. Lo studente, allo stesso modo, accede ad un'area a lui dedicata, con la possibilità da un lato di usufruire di materiale didattico (video, testi, immagini, risorse online), dall'altro di interagire col docente o con i propri colleghi attraverso strumenti quali forum, chat, messaggistica interna, bacheca e, infine, di "sfruttare" altri strumenti messi a sua disposizione per esercitazioni di tipo formativo e non valutativo (test a risposta multipla, brainstorming, PBL, esercizi di simulazione) che gli permettono di verificare il proprio stato di apprendimento e, in caso di lacune o riscontro di difficoltà, chiedere chiarimenti o approfondimenti. Ciò non esclude, naturalmente, che la piattaforma possa prevedere anche un sistema di valutazione vero e proprio, in ingresso, in itinere e in uscita.

Strumenti di una piattaforma e-learning ➜ Gli strumenti all'interno della piattaforma possono essere suddivisi per finalità/funzioni:

- **Comunicazione** e **interazione**: attraverso messaggistica interna, forum, chat, bacheca e news, FAQ, news group e un'agenda virtuale, cioè uno spazio per la segnalazione di scadenze o compiti da svolgere, con una segreteria che invia messaggi agli interessati in modo automatico, mantenendo allo stesso tempo una cronistoria delle attività. Dunque uno strumento che serva allo studente come diario e al docente come registro, con la possibilità di generare un report stampabile.
- **Studio**: *repository* per materiale didattico, segnalazione di siti web e di risorse di approfondimento, in rete o come allegato scaricabile, editor per l'inserimento di nuovi contenuti.
- **Esercitazione**: test, esercizi di simulazione, PBL, brainstorming.
- **Monitoraggio** e **valutazione**: questionari di autovalutazione e test di verifica. Le operazioni di monitoraggio delle attività, oltre che del processo forma-

tivo, diventano fondamentali per correggere in itinere eventuali errori sia riguardo la condotta del gruppo di lavoro sia riguardo il percorso di studio di ogni singolo studente; non devono essere considerate, però, un mero controllo sugli studenti per evitare che questi possano abbandonare le attività. L'osservazione deve essere effettuata da un lato in modo trasversale, individuando, sezione per sezione, il numero di visite e se tali sezioni sono state solo consultate o se vi è stata interazione; dall'altro in modo più specifico, verificando gli ingressi al sistema e il numero degli accessi per ogni singolo studente, segnalando per ciascuno la sezione visitata e il livello di interazione.

Infine, un buon ambiente di apprendimento virtuale deve essere flessibile e adattabile. Dunque gli strumenti e i metodi di formazione elaborati devono consentire "interoperabilità", accessibilità e riusabilità dei contenuti formativi e la condivisione di risorse fra tutti gli attori in campo, siano essi produttori o fruitori di piattaforme (sviluppatori e docenti) o di corsi (discenti).

⬅ *Flessibilità e adattabilità*

Adeguarsi ad uno standard significa, dunque, da un lato, assicurare la riutilizzabilità del materiale stesso anche in presenza di cambiamenti di contesto hardware e software e, dall'altro, garantire una migliore accessibilità dei contenuti. Requisito fondamentale per il nostro ambiente di apprendimento, dunque, è che risponda agli standard, ormai comunemente accettati per le piattaforme e-learning. Tuttavia molta strada ancora si deve percorrere prima di arrivare alla definizione di uno standard universalmente riconosciuto come riferimento per la produzione di corsi e-learning.

Lo standard più noto è il modello SCORM (*Sharable Content Object Reference Model*), alla base del quale vi è il concetto di *learning object*, ovvero di unità di apprendimento concepita secondo una struttura modulare e quindi aggregata, suddivisa, riutilizzabile. Per garantire questa operabilità sul *learning object* è necessario standardizzarne la descrizione, ovvero definire quello che in gergo si chiama "set di metadati", descrittori per la definizione del ruolo, autore e condizioni di utilizzo di ogni unità didattica e tutte le informazioni utili a identificarla e riadattarla.

⬅ *Standard SCORM*

Grazie a tali standard l'ambiente di apprendimento diventa facilmente utilizzabile, anche da chi non ha dimestichezza con le tecnologie informatiche. Il docente, infatti, insieme alla "redazione multimediale" diventa progettista didattico: una volta decisa la metodologia e la strategia da usare, ha la possibilità di utilizzare gli strumenti offerti dalla piattaforma, creando un corso in modo semplice, senza preoccuparsi eccessivamente del software e della tecnologia, bensì ponendo la sua attenzione sulle attività didattiche da proporre agli studenti. La piattaforma, l'ambiente di apprendimento, diventa così un supporto alla pianificazione e alla didattica ormai indispensabile per ogni disciplina. Pertanto, considerando anche le notevoli ricadute che si possono avere sull'apprendimento - apprendimento potenziato dalla pratica della cooperazione, abitudine alla condivisione dei saperi con comunicazione informale e non formale, raggiungimento di un livello di conoscenza più profonda e consapevole - diventa doveroso elaborare delle metodologie efficaci ed efficienti per l'utilizzo didattico dell'informatica. L'obiettivo, infatti, deve essere quello di migliorare il processo di insegnamento-apprendimento senza stravolgere né rinnegare la didattica tradizionale.

1.6 Tipologie di corsi e-learning

Le possibilità di applicazione e di utilizzo dell'e-learning sono molteplici.

Didattica online e e-learning blended ➡ In ogni contesto, universitario, aziendale, o privato, l'e-learning può rappresentare una possibilità per seguire le lezioni e per partecipare alle attività didattiche senza vincoli di tempo e di spazio, ma anche per integrare il tradizionale percorso didattico. È possibile quindi individuare percorsi di e-learning che applicano una didattica **totalmente online**, sostituendo le tradizionali lezioni d'aula con lezioni e attività di apprendimento a distanza, oppure scenari di e-learning **blended**, cioè misti, in cui si realizza una compresenza di lezioni tradizionali e formazione a distanza; o ancora è possibile prevedere una doppia modalità, con la duplicazione del percorso di apprendimento tradizionale, ma adeguatamente elaborato. Non avrebbe senso, infatti, rendere fruibile in internet la lezione registrata in aula senza apportare alcuna modifica. Ma di questo parleremo nei capitoli successivi.

Attualmente non esiste uno standard per la strutturazione di corsi da erogare in modalità e-learning. Purtroppo tale mancanza genera, talvolta, confusione e improvvisazione o, nei casi peggiori, approssimazione nell'organizzazione di percorsi formative a distanza. Molti si improvvisano formatori a distanza e creatori di corsi, allestendo contenuti senza alcuna garanzia di qualità. Per far fronte a tale problematica, un tentativo di standardizzazione è stato fatto con il progetto Mo.d.e.m[2] (Modelli Didattici e Metodologie per l'e-learning), che partendo dall'analisi dello stato d'avanzamento sull'e-learning nelle università italiane, ne ha sviluppato criteri di analisi, monitoraggio e progettazione.

← *Tentativo di standardizzazione*

L'obiettivo di Mo.d.e.m è di fornire una cornice comune di intervento che salvaguardi le specificità, sia didattiche che tecnologiche, dei diversi ambienti di lavoro. I parametri utilizzati per la definizione di un corso di insegnamento a distanza sono stati di tipo metodologico-didattici, tecnologici e organizzativi. Sono state prese in considerazione le principali esperienze italiane di insegnamento universitario online e le piattaforme e-learning comunemente utilizzate sia di tipo commerciale sia open source. L'analisi dei principali parametri e la loro combinazione ha consentito di evidenziare alcuni format e tipologie che esprimono la caratterizzazione dei progetti di insegnamento a distanza.

Dalla combinazione delle quattro variabili derivano dei format che servono a progettare l'intera attività corsuale. In sintesi, attraverso una griglia realizzata dal progetto Mo.d.e.m è possibile classificare quattro topologie di percorsi e-learning strutturabili secondo diversi livelli:

← *Esempio di classificazione di percorsi e-learning*

«Il format *repository* si caratterizza per un basso livello di interattività. Prevede il downloading di docu-

← *Format repository*

---

[2] Progetto finanziato dalla Regione Campania, Assessorato regionale all'Università e alla Ricerca Scientifica. La ricerca è stata condotta dai sette Atenei della Campania, coordinati dal Prof. Mauro Calise

menti in diverso formato, non consente l'uploading di documenti da parte degli studenti. [...] L'ambiente è inteso come spazio per l'archiviazione dei materiali e per la pubblicazione di contenuti sui quali non è richiesto un feedback.»

Questo formato prevede un basso livello di interattività multimediale, in quanto il discente può solo consultare, stampare o scaricare materiale didattico, senza alcuna interazione o partecipazione al processo formativo. Il materiale messo a disposizione può essere una risorsa non strutturata, come un semplice documento, o la strutturazione di qualcosa di più complesso, come l'unità didattica. Tale format è generalmente utilizzato come supporto alla didattica tradizionale, sia come affiancamento sia come integrazione, soprattutto nel caso in cui si aggiungono percorsi di apprendimento da realizzare secondo una calendarizzazione. Tuttavia, il format *repository* è utilizzato anche in percorsi totalmente online, dove vige la logica dell'auto apprendimento. Il percorso, infatti, è costruito da moduli più o meno complessi, fruibili secondo una logica prestabilita.

Format collaborative learning ➔

«Il ***collaborative learning*** è focalizzato sull'utilizzo degli strumenti di comunicazione sincrona e asincrona come occasione di confronto, di scambio e di collaborazione tra i soggetti coinvolti nel percorso formativo. Tale ambiente di apprendimento attribuisce, quindi, una funzione prioritaria ai processi di elaborazione e condivisione della conoscenza. [...] Si basa sulla "compresenza" dei soggetti e sulla condivisione, intesa e valorizzata come dimensione formativa, come modalità di approccio al sapere e come stile operativo.»

Questo tipo di format, invece, è caratterizzato da un buon livello di interattività multimediale, rappresentato da un forte uso degli strumenti di comunicazione sincrona ed asincrona e dallo scambio di materiali e risorse, con lo scopo di portare lo studente a costruire un proprio percorso conoscitivo in modo autonomo e partecipativo. Tale format è soprattutto utilizzato in situazioni di *blended* didattico o di didattica online. Inoltre, può essere adottato come strumento di integrazione e svilupparsi attraverso una modalità *blending* "soft". Esempi sono la creazione e gestione collettiva di blog e/o ipertesti e siti web da parte di una comunità d'apprendimento che pur seguendo corsi tradizionali, utilizza il momento online per incrementare la socializzazione verticale ed orizzontale tra i membri.

«Il format ***structured path*** prevede un percorso didattico fortemente strutturato in unità didattiche propedeutiche.»

⬅ *Format structured path*

Tale format prevede una forte organizzazione dei contenuti, con la strutturazioni di moduli e unità didattiche. Lo studente, inoltre, è guidato attraverso un attento orientamento sui contenuti e sul percorso formativo.

«Il format ***interactive building blocks*** prevede la partecipazione attiva ed interattiva degli studenti nella strutturazione del corso. [...] È caratterizzato da elevati livelli di interattività multimediale,» sia per l'utilizzo di strumenti e materiali resi disponibili sia per l'interazione e il livello di cooperazione che si raggiunge con i propri colleghi e tutte le altre figure coinvolte nel processo didattico. Tale format, infatti, è caratterizzato dal supporto del tutor fad, fortemente coinvolto come facilitatore, moderatore e animatore della formazione a distanza (fad). Molta attenzione è data alla comunicazione e alla realizzazione di spazi di confronto, di scambio e di aree progetto comuni. Inoltre,

⬅ *Format interactive building blocks*

«Questo format è quello che più si avvicina ad una dimensione di "laboratorio" in cui la partecipazione degli studenti è finalizzata alla costruzione collettiva del sapere, attraverso la condivisione dell'ambiente di apprendimento e delle diverse tappe della formazione. Si fonda, quindi, sul *learning by doing*, sull'assunzione libera di impegni e di attività all'interno del gruppo di lavoro, pur nel quadro di una calendarizzazione precisa delle attività.»

Concludendo, secondo la classificazione Mo.d.e.m, in base al tipo e all'organizzazione delle attività online che si intende realizzare per l'allestimento di un percorso di apprendimento a distanza, e in base al livello di interazione che si prevede all'interno della comunità virtuale, è possibile posizionare facilmente il percorso all'interno di tale griglia, mettendo in atto, dunque, un preciso modello didattico e applicando una chiara metodologia e-learning, senza rischi di approssimazione e improvvisazioni.

1.7 Ruolo di una redazione multimediale: nuove figure professionali

L'e-learning, dunque, modifica completamente il modo di fruire e fare didattica, trasformando la comunicazione unilaterale e la supervisione dall'alto verso il basso in un lavoro di gruppo, d'interazione e cooperazione tra pari. Il protagonista, pertanto, non è più solo il docente, ma la comunità di discenti e quel che conta davvero è la loro interazione con tutte le altre figure coinvolte in un corso online. Così si sviluppa una «comunità che costruisce conoscenze» nella quale non esiste alcuna gerarchia e in cui ogni membro può essere tanto apprendista quanto esperto.

Comunità di apprendimento →

Questo nuovo modo di apprendere non riduce tempi, costi e risorse, anzi richiede maggiore sacrificio e impegno, tanto da parte degli studenti, quanto di tutto il gruppo di lavoro coinvolto nella realizzazione del corso. Muta il ruolo del docente, che abbandona lo stile cattedratico per aprirsi alla collaborazione con nuove figure professionali, quali tecnici, sviluppatori, grafici, webmaster, content manager per la gestione dei contenuti didattici adatti al web, che organizzano col docente il piano didattico.

Si crea, dunque, un team di lavoro, una sorta di redazione multimediale, che ha il compito da un lato di progettare e sviluppare le migliori soluzioni metodologiche e tecnologiche adatte al caso, dall'altro di fornire attività di supporto ai docenti, affinché tali strumenti vengano utilizzati con facilità e immediatezza.

Protagonisti di un corso online →

Le figure coinvolte in un corso online, infatti, sono molteplici.

- **Responsabile scientifico**, ovvero il docente titolare del corso, il quale - mantenendo inalterata la struttura tradizionale del corso - svolge regolari lezioni in aula; partecipa a riunioni di progetto per definire la struttura del corso e l'elaborazione multimediale dei contenuti; indica la propria disponibilità in rete; garantisce l'evoluzione del progetto didattico, stabilendo i termini delle prove di valutazione (*ex ante, in itinere, ex post*) e verificandone, infine, i contenuti. Segue costantemente lo svolgimento del lavoro; valuta il progetto effettuandone il controllo didattico.

- **Esperti di contenuti** che partecipano alla compilazione dei moduli didattici con il docente, con il quale sono costantemente in contatto per concordare metodi e scadenze; offrono, inoltre, suggerimenti agli studenti per la lettura dei testi pubblicati come supporto alla didattica tradizionale; organizzano e gestiscono un forum didattico.
- **Tutors** che fanno da tramite tra gli studenti e tutte le altre figure coinvolte nel corso online, assicurando ai primi il necessario aiuto per orientarsi durante i primi collegamenti e nelle prove di comunicazione che precedono l'avvio del corso. Svolgono un lavoro di assistenza, cercando di creare una comunità di apprendimento, tale da coinvolgere tutti i discenti in uno spazio nel quale è possibile socializzare, lavorare e confrontarsi.
- **Esperti tecnologici** (amministratore di sistema, tecnici, sviluppatori, gestori e operatori di sistema) che predispongono e garantiscono l'efficienza del sistema online, assicurando il feedback nell'area di aiuto tecnico.

Il gruppo di lavoro costituisce in sé una comunità e ogni membro di essa trova sostegno e supporto reciproco, dando vita a un ambiente di lavoro confortevole e, soprattutto, rassicurante per gli studenti.

Nascono, dunque, nuove figure professionali fondamentali per poter allestire e gestire un corso e le attività integrate. In particolare gli esperti tecnologici, gestori e operatori di sistema, da un lato e i tutors dall'altro. I primi collaborano per la realizzazione di moduli didattici articolati e complessi e assicureranno un riferimento costante e puntuale per la gestione e la realizzazione delle attività online.

L'intero processo didattico prevede l'articolazione di più fasi, produzione, post-produzione e pubblicazione, che vedono la cooperazione tra tutte le figure coinvolte. ← *Lavoro di gruppo*

1. **Produzione**: in base a una griglia già predisposta e distribuita ai docenti, gli esperti tecnologici provvedono a raccogliere i materiali didattici e di approfondimento, a registrare le lezioni e a revisionarle.
2. **Post produzione**: gli operatori e i grafici provvedono all'ottimizzazione del materiale didattico. In particolare si occupano di:
    - rifinitura e compimento della lezione;

- creazione di immagini o altro materiale di supporto alla lezione;
- ricostruzione grafica in 2D e 3D (anche di lucidi scansiti);
- assemblaggio e allestimento delle unità didattiche;
- ottimizzazione video, nel caso di registrazioni in aula.

3. **Pubblicazione** del materiale didattico in un ambiente di apprendimento multimediale:
   - presentazione del materiale trasformato in formato multimediale in area riservata (in attesa dell'autorizzazione da parte del docente per la pubblicazioni nell'area studenti);
   - revisione in caso di rettifiche e inserimento della lezione all'interno della piattaforma e-learning. Lezione allestita sotto forma di unità didattica, arricchita, cioè, di strumenti per la cooperazione e la condivisione di idee e risorse tra i corsisti e docenti (forum, chat, argomenti correlati, link per approfondimenti, dispense da scaricare, ecc.).

Ruolo del tutor ➔ Reso pubblico il materiale didattico, entra in gioco la figura del tutor e dell'esperto di contenuti online, che rappresenta un'integrazione a quella dell'insegnante tradizionale. Egli è una sorta di "*mentoring*", ovvero una guida che affianca gli studenti e li sostiene nel percorso didattico, un mentore che agisce con minore autonomia rispetto a quella di un docente, e che interviene solo se necessario per promuovere la collaborazione e l'interazione tra i discenti. Compito del tutor di rete, infatti, è incoraggiare le potenzialità che l'allievo può manifestare se opportunamente aiutato. Tale concetto richiama quello di "*scaffolding*", secondo il quale i discenti necessitano spesso di aiuti, oltre che tecnici, soprattutto umani. Così il tutor esercita il proprio ruolo di sostegno su diversi piani: intellettuale, emotivo e sociale. Egli, pertanto, diviene non solo "facilitatore dell'apprendimento", ma anche figura insostituibile, che determina il coinvolgimento personale dei discenti, chiamandone in causa la condizione emotiva, oltre che cognitiva. In sostanza, nell'attività formativa il tutor, in un corso online, si occupa di predisporre l'atmosfera iniziale del gruppo, cercando di individuare e fare emergere le potenzialità di ciascuno. In un tale contesto egli riveste anche il ruolo di «moderatore-animatore di comunità virtuale», stimolando il sostegno reciproco tra i componenti dell'intera comunità, esaltando lo spirito collaborativo, che a sua volta potrebbe contribuire a sviluppare tra gli studenti atteggiamenti più aperti. Così i discenti, stimolati dall'azione di orientamento del tutor, non solo «apprendono facendo», ma hanno anche chiari gli obiettivi da perseguire, comunicando e interagendo tra loro. A tal fine è necessario non disilludere le aspettative degli studenti, facilitando quanto più possibile l'accesso al web e l'utilizzo della piattaforma e-learning, per non rischiare che si produca disaffezione nei confronti della nuova metodologia seguita. Sarà, dunque, compito del tutor, ma anche degli esperti tecnologici, sperimentare in prima persona, simulandosi studenti, la funzionalità del sistema, per verificarne la semplicità di utilizzo, oltre che le potenzialità e l'efficienza. Il tutor, dunque, svolge il compito di istruttore, moderatore, facilitatore.

In un corso online, inoltre, per le figure che ruotano attorno al docente è fondamentale porre l'attenzione sulla dinamica del percorso e sulla metodologia di questo nuovo modello di apprendimento, preoccupandosi meno della trasmissione di conoscenza, affidata prevalentemente al docente. Solo il contatto e la partecipazione alla comunità, infatti, possono garantire l'efficacia della metodologia. La strategia di comunicazione può esercitarsi su due livelli: uno-uno, cioè comunicazione individuale con il discente, per incoraggiarlo e motivarlo; uno-molti, ovvero comunicazione rivolta al gruppo, per garantire - in qualità di «uno tra i molti attori» - il rispetto della *netiquette* e delle regole. In entrambi i casi si agisce in tempo reale, e dunque online, oppure in modo asincrono, tramite un'azione diluita nel tempo. Il tutor, inoltre, non deve trascurare un ulteriore, importantissimo aspetto: rendere umana quell'atmosfera, di per sé impersonale e astratta, tipica delle comunicazioni asincrone.

⬅ *Contatto con i discenti*

Infine, gli operatori e il tutor dovranno provvedere al monitoraggio, per documentare l'intero svolgimento del percorso didattico. di ciascun discente, visionando quotidianamente la posta elettronica, controllando costantemente gli interventi nel forum e tutte le altre esercitazioni proposte all'interno del corso. Tale impegno non deve mai venire meno, per evitare che i discenti si sentano abbandonati a se stessi e che si crei una classe virtuale senza insegnante.

Concludendo, l'allestimento di un corso online deve essere affidato a un team di persone qualificate e solo l'interazione e la collaborazione tra tutte le figure coinvolte possono garantire il raggiungimento dell'obiettivo: rendere più efficiente il sistema di insegnamento-apprendimento.

Capitolo 2

Sistemi per la formazione online

Gennaro Sicignano, Enrico Vollono

2.1 Requisiti per la progettazione di sistemi di formazione online

Come è emerso nel capitolo precedente, l'e-learning risulta essere la terza generazione della formazione a distanza; cerchiamo ora di sintetizzare ed analizzare quelle che sono le peculiarità di questo nuovo approccio.

Esistono degli elementi fondamentali che devono essere sicuramente presenti per parlare di e-learning. Prima di tutto non si può parlare di e-learning se alla base della formazione non c'è l'**ICT** (*Information and Communications Technology*); con questo si vuole intendere che non c'è e-learning se l'informazione non viene trasmessa grazie all'utilizzo dell'informatica e della telematica. Come già detto in precedenza, infatti, alla base dell'e-learning ci sono le moderne "autostrade dell'informazione" che permettono un reperimento istantaneo di ogni tipo di dato a prescindere dal luogo in cui essa sia localizzata. Questo è reso possibile grazie all'architettura client-server che, grazie alla sua flessibilità, permette di avere accesso alle informazioni tramite l'utilizzo di un semplice browser (internet explorer, netscape, mozilla, firefox, opera, ecc.) di cui ormai tutti i personal computer sono dotati di *default* o che possono essere gratuitamente scaricati dalla rete. Grazie a questo substrato tecnologico l'utente può aver accesso ad ogni tipo di "contenuto multimediale" che

⬅ *e-Learning e ICT*

Contenuti multimediali ➡ gli è necessario. Ma cosa intendiamo per contenuto multimediale? Parliamo di contenuto multimediale quando un contenuto viene veicolato grazie all'utilizzo di molteplici media, come immagini, video, musica e testo. Grazie, quindi, all'impiego della moderna tecnologia è possibile interagire online accedendo da ogni punto del globo istantaneamente ad ogni tipo di contenuto tramite l'utilizzo di un semplice personal computer munito di un browser per la navigazione in internet.

Comunicazione e collaborazione nel processo di apprendimento ➡ Oltre alla tecnologia, un ulteriore elemento caratterizzante dell'e-learning è la **comunicazione/collaborazione** che interviene ad arricchire il processo di apprendimento. Come si è già accennato in precedenza, nei processi formativi a distanza di prima e seconda generazione la collaborazione era pressoché nulla e questo dava a quel tipo di formazione una connotazione molto individualistica. Oggi, invece, questo aspetto diventa un punto chiave della formazione a distanza e sono addirittura possibili differenti livelli di comunicazione all'interno del processo di apprendimento online. Un primo livello di comunicazione è quella tra docente e studente, che permette da un lato allo studente di avere risposte ai propri dubbi, anche in tempo reale, e dall'altro al docente la possibilità di avere un feedback diretto sulla didattica, attraverso test o attività formative, senza dover attendere gli esami per poter avere un'idea del grado di apprendimento degli allievi. Un ulteriore livello di comunicazione è quella tra studenti, che innalza il livello di collaborazione talvolta superando quello che si ottiene nella formazione tradizionale in aula. Quando si raggiunge tale livello di interazione, inoltre, si supera il rischio di isolamento nel quale lo studente potrebbe venirsi a trovare nel processo formativo a distanza. Tra questi due poli vi è la comunicazione tra gli studenti ed il tutor il quale non funge solo da istruttore facente le veci del docente, ma anche da facilitatore nell'utilizzo degli strumenti didattici e da moderatore ed animatore delle discussioni tra gli studenti. Tutto ciò è reso possibile grazie agli strumenti di comunicazione messi a disposizione dalle piattaforme e-learning disponibili nell'attuale scenario tecnologico, come le aule virtuali, i gruppi di lavoro, le lavagne condivise, i sistemi di messaggistica, le chat, i forum, le bacheche, ecc.

Grazie alla tecnologia impiegata si perviene ad un altro elemento fondamentale dell'e-learning, cioè la sua estrema **flessibilità**. Contrariamente alla formazione in aula, infatti, docenti e discenti non sono sottoposti a vincoli né di spazio né di tempo; non è più necessaria la compresenza nello stesso luogo e nello stesso momento di tutti gli attori del processo formativo. I docenti possono preparare il materiale didattico e aggiornarlo facilmente ogni volta che lo ritengono opportuno; gli studenti possono usufruire del materiale in qualsiasi momento e da qualsiasi luogo essi vogliano. In questo modo la cultura si rende accessibile davvero a tutti, sia agli studenti lavoratori che hanno poco tempo da dedicare allo studio, sia a quelli che abitano in luoghi isolati e difficilmente raggiungibili, sia agli studenti disabili che potranno usufruire della formazione direttamente da casa evitando spostamenti lunghi, costosi e, in alcuni casi, proibitivi. ← *Flessibilità*

Un ultimo punto fondamentale che caratterizza l'e-learning è la possibilità di **personalizzazione** che può essere raggiunta. Tramite gli strumenti offerti è possibile personalizzare i percorsi formativi in base alle esigenze della singola tipologia di utenza o, addirittura, del singolo utente. In questo modo è la formazione a venire incontro all'utente e a plasmarsi sulle sue esigenze piuttosto che essere l'utente ad adattarsi ed a "piegarsi" al processo formativo. ← *Personalizzazione*

Dunque, tali requisiti - ICT, comunicazione e collaborazione, flessibilità e personalizzazione - sono alla base di una corretta e adeguata progettazione di sistemi per la formazione a distanza. Gli strumenti utilizzati per soddisfare i requisiti ed il livello di conformità raggiunto determinano la qualità ed il livello della formazione offerta.

2.2 Piattaforme *open source* e proprietarie

Nel mondo dell'e-learning, come in generale nel mondo dell'informatica, si ripropone il confronto tra soluzioni libere e soluzioni proprietarie. Le soluzioni libere presentano innanzitutto il vantaggio di essere fruibili senza alcun costo. In particolare tra le soluzioni libere vi sono

Open source ➜ quelle *open source*, le cui caratteristiche principali sono:
- reperibilità gratuita dell'applicazione e del suo codice sorgente;
- stabilità e completezza dovuta al fatto che è il risultato di più sviluppatori;
- aderenza agli standard operativi.

Le politiche legate ai prodotti *open source* sono quelle che spostano le possibilità di guadagno dal prodotto in sé alle prestazioni accessorie ad esso legate, in termini di consulenze e di componenti aggiuntivi. In questo modo, al vantaggio di poter disporre di una comunità di sviluppo ampia e spesso distribuita su tutto il globo si associa l'eventuale disponibilità di supporto a pagamento per le personalizzazioni e le singole implementazioni.

In generale, per i prodotti *open source* avviene una selezione ed un'evoluzione naturale sulla base della validità e della necessità della soluzione realizzata. I prodotti *open source*, basandosi sul lavoro di gruppi molto grandi e differenziati, in genere possono evolvere velocemente adattandosi bene agli standard e alle nuove esigenze di utilizzo, presentando in più il vantaggio di favorire in maniera naturale le innovazioni. A fronte di tali vantaggi, essi possono presentare qualche svantaggio legato all'installazione e configurazione, o alla possibilità di personalizzazione in base alle specifiche necessità. Le procedure di installazione e configurazione, infatti, non sempre sono immediate e semplici, e in alcuni casi vi è una scarsa documentazione di supporto; inoltre, può essere completamente assente aiuto o assistenza sul prodotto.

Soluzioni proprietarie ➜ Le soluzioni proprietarie, al contrario, a fronte di un costo iniziale, per l'acquisto del prodotto stesso o delle licenze per il suo utilizzo, offrono in genere, facilità di installazione e personalizzazione. Di conseguenza i tempi di messa in esercizio del prodotto sono, in genere, brevi e ben prevedibili. Per qualunque tipo di problema, inoltre, il cliente può far riferimento alla *software house* che ha realizzato il prodotto.

L'*open source* in e-learning è oggi una realtà valida, diffusa ed operativa. Le soluzioni riguardano sia gli LMS (*Learning Management System*, i processi formativi) sia gli strumenti di *authoring* e permettono, superato il primo step di installazione e personalizzazione della soluzione, di avere delle realtà perfettamente funzionanti, praticamente a costo zero. Tra le tante soluzioni di piattaforme esistenti ricordiamo *docebo*, *dokeos*, *a-tutor*, *moodle*; mentre per quanto riguarda gli strumenti per la realizzazione dei contenuti può essere preso in considerazione *reload*.

Tutte le soluzioni citate sono corredate da semplici procedure per l'installazione. Sono applicazioni *web based*, quindi sfruttano il browser per tutte le interfacce di utilizzo, di gestione e di configurazione. Per poter funzionare necessitano di alcuni componenti infrastrutturali: *web server*, *application server*, *database server*, *mail server*, ecc., che devono essere precedentemente istallati e correttamente configurati dagli utilizzatori della soluzione. Tutte risultano conformi ai principali standard di interoperabiltà, in particolare, supportano SCORM (*Sharable Content Object Reference Model*), e dispongono di strumenti di *authoring* integrati per la realizzazione di corsi e contenuti. Tali strumenti sono direttamente disponibili per i docenti e per i tutor, mentre agli amministratori sono forniti diversi componenti per la configurazione della soluzione nel suo insieme, dei vari strumenti presenti e dei servizi erogabili.

Il vantaggio di scegliere una di queste soluzioni sta nella concreta possibilità di modificarla e adattarla alle specifiche esigenze e di arricchirla di nuove funzionalità sviluppando moduli nuovi e specifici.

⬅ *Vantaggi dell'open source*

Contrariamente alle soluzioni *open source*, quelle commerciali non rendono disponibile il codice della soluzione stessa e richiedono il pagamento di licenze o l'acquisto della soluzione. Se è vero che tali costi non sono in genere trascurabili, è anche vero che ci sono vantaggi legati a questo modello di distribuzione. La casa produttrice, infatti, pur mantenendo la proprietà e il controllo, garantisce supporto e assistenza completa per tutta la fase di installazione e start up delle attività. Generalmente le procedure di installazione sono molto semplici e ben assistite, o totalmente a carico della *software house*, nel caso di prodotti particolarmente complessi e strutturati. Viene assicurata, inoltre, dalla casa produttrice assistenza anche nelle fasi di lavoro e formazione all'utilizzo della soluzione stessa. Tra le principali soluzioni ricordiamo:
- **Lotus Learning Management System**, un LMS che consente la realizzazione delle attività formative in una classe virtuale. Il sistema fornisce strumenti di monitoraggio e tracciamento delle attività formati-

ve; supporta la modalità di apprendimento individuale o di gruppo, in base a come il corso è stato progettato dal docente; infine Lotus LMS è compatibile con i principali standard attualmente presenti quali SCORM e AICC (*Aviation Industry CBT Committee*, dove CBT sta per *Computer Based Training*). (Home http://www-142.ibm.com/software/sw-lotus/lotus/offering6.nsf/ wdocs/homepage);
- *WebCT Campus Edition*, ambiente proprietario, sviluppato inizialmente nel mondo universitario (1997, Università di British Georgia - USA). Come altri prodotti di questo genere, WebCT è entrato poi nel mercato per soddisfare esigenze di formazione sia del mondo accademico sia delle imprese. (Home http://www.webct.com);
- *Adobe Connect*, è una soluzione web che permette di realizzare una comunicazione sincrona, facilitando la collaborazione e la formazione online. (http://www.adobe.com/it/products/breeze);
- *Centra* fornisce software e servizi specializzati per la comunicazione, la collaborazione e l'apprendimento in tempo reale sul Web. (Home http://www.centra.com);
- *Kairos* è un ambiente e-learning di tipo collaborativo. L'articolazione di questo ambiente si compone di molteplici aree, come le classi, la direzione, la segreteria, il laboratorio e la mediateca. (Home http://www.garamond.it);
- *Learn eXact*, prodotta e offerta da Giunti Interactive Labs, è una suite integrata (insieme di applicazioni e strumenti interoperanti) per la creazione, la gestione e l'erogazione di contenuti e-learning compatibili con i principali standard. (Home http://www.giuntilabs.com).

Per la realizzazione di contenuti:
- *Articulate*, fornisce un insieme di prodotti a pagamento per la realizzazione di LO (Oggetti formativi). Utilizza la tecnologia Flash, attualmente molto diffusa sul web, per costruire contenuti dinamici e accattivanti, multimediali, e conformi agli standard in e-learning (SCORM e AICC). Interessante è anche il *tool* per la combinazione di una presentazione power point con un commento audio. (http://www.articulate.com/);
- *Lectora Publisher* è un software di realizzazione di LO che supporta SCORM. Consente la creazione di con-

tenuti didattici e di test di valutazione. Molto semplice nell'utilizzo, è simile a un normale *word processor* o a un ambiente di sviluppo; è possibile inserire oggetti o azioni dinamiche direttamente da appositi menù, i metadati sono editabili dall'utente. Reload, è un progetto gestito dalla University of Bolton e dalla university of Strathclyde. Si propone lo sviluppo di tool conformi alle specifiche emergenti per la interoperabilità dei LO. In particolare il progetto ha sviluppato e reso disponibili gratuitamente: uno strumento per la creazione di pacchetti di contenuto conformi a IMS e SCORM, uno SCORM player per la fruizione dei pacchetti di contenuto, strumenti per il lavoro collaborativo. Il sito di riferimento del progetto è: http://www.reload.ac.uk/. Lectora è prodotto da Trivantis, http://www.trivantis.com.

2.3 Simulatori come strumento per trasferire conoscenza

Quello dei simulatori è uno degli ambiti di maggior interesse per l'informatica e per le applicazioni dei computer. Molto diffusi in campo ludico, i simulatori offrono ottime possibilità di impiego anche in campo lavorativo. Attraverso l'utilizzo di un computer è possibile creare un modello e simulare qualunque realtà e questo risulta particolarmente interessante nell'ambito della ricerca, come in quello delle applicazioni.

Oggigiorno esistono simulatori per la meccanica, per la dinamica, per l'architettura, per l'elettronica, per la medicina e per tantissimi altri campi. Con l'aumento della potenza di calcolo dei moderni processori e delle moderne architetture, utilizzando soluzioni basate sul calcolo parallelo, è possibile modellare in maniera efficace realtà e oggetti anche molto complessi.

Le applicazioni di realtà virtuale, poi, evolvono rapidamente e attraverso vari tipi di esperimenti e applicazioni dimostrano le sempre crescenti potenzialità della simulazione computerizzata. Anche se le maggiori applicazioni della simulazione ricadono nel mondo dei video giochi, non è possibile trascurare soluzioni molto interessanti nei campi della realtà aumentativa (presentazione della realtà con l'utilizzo di strumenti informatici, arricchita dinamicamente di commenti, spiegazioni o approfondimenti), nelle simulazioni in ambito medico, economico, ecc.

Un settore molto interessante in cui è possibile applicare la simulazione, realizzata attraverso il computer, è proprio quello della formazione, raggiungendo esperienze formative molto efficaci, senza alcun rischio o costi elevati. È possibile, infatti, fare esperienza su oggetti di difficile reperimento pratico, perchè costosi o poco diffusi o pericolosi, o su prodotti che si trovano in contesti pericolosi per se o per gli altri. Si pensi infatti a un corso sulla gestione di un processo critico in una centrale nucleare, oppure a un simulatore che riproponga situazioni in cui è richiesto il pronto intervento medico chirurgico su un paziente virtuale. È ovvio che in tal caso al valore aggiunto di erogare formazione in ambiti particolarmente delicati si associa la sicurezza per il discente, che deve imparare, e per tutti coloro che sono coinvolti direttamente o indirettamente. Se, per esempio, si commette un errore in un intervento medico su un paziente virtuale, ai fini pratici tale errore si traduce solo in un aumento di esperienza del discente, ma nessuno ne fa le spese.

Caratteristiche di una efficiente simulazione ➡ Anche se esistono diversi tipi di simulazioni possiamo individuare alcuni elementi sempre presenti:

- La simulazione deve bene aderire alla realtà che vuole riprodurre. Un simulatore poco accurato fornirebbe una rappresentazione della realtà imprecisa o addirittura non corretta. Questo comporterebbe l'impossibilità di realizzare esperienze formative valide. Ad esempio se lo scopo è avere un modello di un motore a scoppio, al fine di studiarne e simularne i comportamenti in base ad alcuni parametri, nel caso di un modello inadeguato, utilizzandolo si avrebbero previsioni di comportamento non corrette al variare dei parametri presi in considerazione. Di conseguenza nessuno studio o analisi o alcuna formazione potrebbe essere fatta usando il modello stesso.
- In alcuni casi è fondamentale che la simulazione sia il più possibile realistica. Il realismo della simulazione è intrinsecamente legato alla tipologia di simulazione che si intende fare e all'ambito di utilizzo. Conducendo uno studio ingegneristico sul funzionamento di un certo componente elettronico

poco interesse avrebbe il realismo della simulazione mentre di enorme interesse sarebbe l'accuratezza del modello matematico che descrive il componente. Al contrario, in una esperienza formativa in cui la simulazione viene usata per addestrare gli operai di una catena di montaggio ad assemblare correttamente dei componenti per ottenere un prodotto finale, risulta determinante il grado di realismo ottenuto nella simulazione stessa.

- L'ambiente di simulazione deve essere il più possibile ergonomico ed intuitivo. Nel caso di realtà aumentativa, di simulazione immersiva (Realtà Virtuale Immersiva, RVI; l'utilizzatore ha la sensazione di essere dentro l'ambiente simulato potendo interagire in maniera naturale con esso dato che risultano coinvolti tutti i suoi sensi e non solo la vista e l'udito) come anche di semplice simulazione, uno dei principali aspetti è quello di conseguire un buon livello di ergonomia delle interfacce uomo macchina e di facilità di utilizzo della realtà simulata che viene proposta.

La formazione basata su simulazione può essere descrittiva o sfruttare la metodologia del problem solving. La simulazione può essere utilizzata per descrivere l'oggetto di studio in maniera chiara, esaustiva e realistica, però ha una maggiore efficacia quando media l'azione formativa attraverso un'esperienza immersiva nell'ambiente in cui dovrebbe realmente accadere in futuro l'evento che si sta simulando. Riprendendo l'esempio dell'operaio della catena di montaggio, è certamente valido l'approccio per il quale al discente viene mostrato e descritto anche nei minimi dettagli un oggetto di interesse e come esso vada maneggiato; tuttavia risulta molto più valido e proficuo simulare l'insieme di azioni che egli poi praticamente dovrà compiere nella sua attività lavorativa ordinaria. Quindi realizzare un percorso simulato per le operazioni che deve compiere, coinvolgendolo in maniera attiva nel percorso stesso. Le possibilità in tal senso vanno dalla applicazione della realtà virtuale immersiva alle più semplici video simulazioni. Il secondo approccio può anche avvalersi di simulazioni basate sul *problem solving*, per cui il discente viene posto di fronte a un problema che deve gestire in maniera autonoma, basandosi sulle conoscenze acquisite.

2.3.1 Un caso concreto: la macro e la microsimulazione in medicina

Esistono due esperienze di simulazione molto interessanti in ambito medico: la macrosimulazione e la microsimulazione per la medicina d'urgenza. Entrambe si basano sul principio della simulazione, cioè ricreare in maniera virtuale delle situazioni in cui è richiesto un attivo e tempestivo intervento da parte del discente per risolvere o gestire dei problemi reali, o molto realistici.

Macrosimulazione ➡ Nel caso della macrosimulazione è stata ricreata una sala operatoria virtuale, completa di tutte le apparecchiature perfettamente funzionanti (monitor paziente, defibrillatore, ecc.), nella quale è posto un paziente virtuale, un vero e proprio robot che può simulare un'ampia gamma di problematiche. Ovviamente il comportamento del paziente virtuale si adatta alle azioni dell'equipe di discenti che sta agendo in sala operatoria, migliorando o peggiorando lo stato di salute in funzione delle operazioni fatte. Questa esperienza si basa sul *problem solving* e ha un alto grado di realismo; i tempi di azione sono realmente stretti, e lo studente-medico si trova a vivere una situazione molto vicina a quella che sarà la sua esperienza medica quotidiana, con il vantaggio, però, di non arrecare danni a persone reali ma solo un danno simulato a un robot, in caso di errore.

Microsimulazione ➡ Se la macrosimulazione riproduce un ambiente e un contesto realistico coinvolgendo in maniera immersiva l'utente, la microsimulazione è un'esperienza sempre di pronto intervento in sala operatoria, ma che avviene attraverso la simulazione al computer. In questo caso per favorire l'ergonomia e la verosimiglianza della soluzione, lo studente vive un'esperienza simulata, sentendo voci, vedendo scenari e interagendo con il software per realizzare delle azioni. Tutto ciò che viene fatto è registrato e monitorato, e alla fine dell'esperienza serve per produrre un report analitico dal quale il discente è in grado di capire dove e in cosa ha sbagliato o poteva fare meglio.

Entrambe le soluzioni descritte, prevedono la presenza di uno o più docenti che siano in grado di guidare l'esperienza del discente, agevolandolo se dovesse trovarsi eccessivamente in difficoltà o aggravando la situazione se l'esperienza dovesse risultare troppo semplice per il suo livello di conoscenza.

2.4 Scelta di un corso *blended*

Come abbiamo sostenuto fino ad ora la tecnologia sembra ridisegnare le modalità di intervento formativo; il concetto di formazione viene svincolato dall'idea di presenza contemporanea nel medesimo luogo di docenti e discenti. Tuttavia alcune modalità formative restano efficaci solo se messe in atto secondo la didattica tradizionale, cioè in contesti faccia a faccia. Per tale motivo la didattica frontale continua a ricoprire un ruolo fondamentale nei processi formativi ed organizzativi; da qui l'espressione **blended learning** che indica un particolare modello formativo in cui attività a distanza ed attività in presenza sono variamente alternate. Nonostante tale definizione sia concettualmente molto semplice è in realtà difficile descrivere una pratica univoca di *blended learning* poiché non esiste un livello elevato di consolidamento metodologico. Il termine *blended* vuol dire **misto**, ma a seconda del grado e delle modalità di integrazione delle differenti tipologie di didattica possiamo avere differenti interpretazioni del concetto di *blended learning*.

← *Blended learning: combinazione di concetti complementari*

Volendo generalizzare si può dire che una soluzione "*blended*" sia un percorso formativo che prevede l'utilizzo integrato di diversi formati e tipologie didattiche. Per *blended learning* possiamo quindi intendere combinazioni di concetti differenti che però possono essere visti come complementari all'interno del processo formativo; nel *blended learning*, quindi, si possono combinare sia differenti modalità di comunicazione (frontale o attraverso un computer) sia differenti modalità di apprendimento (individuale e collaborativo) sia differenti tempistiche di apprendimento (apprendimento sincrono ed asincrono) sia differenti processi cognitivi (acquisizione di concetti dati e costruzione attiva di nuove conoscenze). Così succede che sotto la definizione di *blended learning* vengono a trovarsi esperienze di formazione anche molto differenti; ad esempio, in alcune esperienze i momenti di didattica frontale possono riguardare gli stessi interlocutori che interagiscono nei momenti di didattica mediata dalla tecnologia, in altre gli studenti sono insieme in un'aula mentre il rapporto con i docenti è mediato dal mezzo tecnologico ed in altre ancora sono gli studenti ad interagire a distanza mentre il rapporto con i docenti è in didattica frontale. Se a tutto ciò si unisce il fatto che anche la sequenza temporale di questi momenti non è definita univocamente, si comprende come la definizione di *blended learning* non sia poi così semplice come potrebbe apparire a prima vista.

Nonostante ci sia ancora una sostanziale difficoltà a rispondere a questi interrogativi, l'unica cosa sicura è che il *blended learning* sembra essere un approccio teso a valorizzare, all'interno del progetto didattico, sia i punti di forza della formazione in presenza che quelli della formazione a distanza di terza generazione. Considerato che la formazione in presenza sembra essere il momento formativo in cui l'interazione tra studenti e studenti e tra studenti e docenti è la più completa possibile, attualmente si ritiene che solo attraverso l'utilizzo di una metodologia blended l'uso della tecnologia come ausilio alla formazione possa davvero essere utile ed efficace. In realtà, questa convinzione nasce spesso dal fatto che la prima formazione a distanza sia stata utilizzata soltanto per trasmettere materiale didattico e concetti statici; è questo il risultato derivante dal retaggio delle due precedenti generazioni di formazione a distanza il cui scopo era proprio la trasmissione a distanza di documenti e nelle quali il grado di collaborazione e comunicazione risultava pressoché nullo. Inoltre le prime esperienze di e-learning di terza generazione, rivelatesi fallimentari, hanno contribuito ad individuare la soluzione *blended* come la migliore perché risultante dal connubio dei vantaggi offerti dalla tecnologia come mezzo per la diffusione documentale e della completezza del momento formativo offerto dalla didattica frontale tradizionale. Questa visione, però, ha portato spesso a vedere la soluzione *blended* semplicemente come l'affiancamento delle due metodologie didattiche senza far sentire la necessità di riprogettare "il prodotto didattico" tenendo conto delle effettive possibilità della nuova metodologia "mista". Quello che è stato fatto in molti contesti è stato, semplicemente, scegliere quali contenuti didattici erogare in presenza e quali erogare in modalità e-learning. A tutto ciò va aggiunto il non trascurabile aspetto economico che ha spinto molte aziende, sia pubbliche che private, ad andare nella direzione dell'approccio "misto" all'e-learning. Questo approccio, opportunamente modulato, permette infatti di ridurre al minimo l'impegno economico da riservare alla for-

Blended learning: connubio di vantaggi →

mazione. Se pensiamo, infatti, di realizzare un percorso formativo misto minimizzando i momenti in presenza, riduciamo l'impegno economico da riservare ai docenti; se poi alcuni di questi momenti vengono sostituiti da incontri in videoconferenza riduciamo anche i costi per i trasporti; inoltre alcuni interventi, opportunamente registrati e montati, potranno essere riutilizzati nelle successive sedute formative riducendo ulteriormente i costi. Se, infine, a tutto questo aggiungiamo un adeguato supporto didattico documentale opportunamente preparato il risultato è la realizzazione di un progetto *blended* estremamente flessibile e riutilizzabile.

Il pericolo di questo approccio è quello che i vantaggi a breve termine potrebbero rivelarsi a lungo andare degli svantaggi; i pregi della formazione in presenza, infatti, coniugati ai vantaggi economici derivanti dall'utilizzo dell'e-learning dovrebbero essere il punto di partenza per una riprogettazione della didattica piuttosto che essere il punto di arrivo. La formazione frontale e quella a distanza dovrebbero essere viste come complementari ed in questa ottica dovrebbero essere riprogettati i percorsi formativi in modo da massimizzare l'utilità degli interventi in presenza e da ottimizzare l'utilizzo della rete come strumento comunicativo per eccellenza mediante un'adeguata scelta dei formati didattici.

← *Complementarietà tra formazione frontale e formazione a distanza*

La chiave del successo di questa formula dovrebbe essere non l'utilizzo affiancato dei due strumenti, ma la riprogettazione dei contenuti, dei percorsi e della didattica in funzione delle possibilità offerte dai nuovi strumenti tecnologici affinché vengano "ripensate" sia la didattica in presenza sia quella online come estensione e potenziamento l'una dell'altra.

2.5 Monitoraggio e strumenti di feedback

Pur comprendendo l'utilità dello strumento tecnologico all'interno del processo formativo a distanza è facile capire che riuscire ad avere dei feedback riguardo l'andamento dei corsi e lo stato di apprendimento da parte degli studenti è un processo che risulta notevolmente più articolato rispetto a ciò che succede nella didattica tradizionale. Nella didattica frontale, infatti, grazie alla compresenza nello stesso luogo di studenti e docenti è più semplice per un docente rendersi conto di come procede il suo corso, di come gli studenti recepiscono le sue spiegazioni, delle difficoltà presentate da un certo argomento o del fatto che una lezione sia più chiara di un'altra, ecc.

Tecnologia come mediatore →

Quando, però, c'è la tecnologia a fare da mediatore tra i vari utenti, i rapporti diventano giocoforza più complessi ed articolati e bisogna trovare modalità nuove per far si che un docente possa rendersi conto di come procede il suo corso. A tal fine utilizziamo lo stesso strumento che divide ed allo stesso tempo unisce tutti gli attori del processo formativo: la tecnologia.

Le piattaforme e-learning oggi presenti sullo scenario tecnologico sono in grado di fornire tutta una serie di strumenti di monitoraggio per consentire a docenti e studenti stessi di avere un feedback sullo "stato" del processo formativo. Tali strumenti saranno naturalmente differenti da quelli utilizzati nella didattica frontale tradizionale poiché dovranno essere molto più flessibili ed ugualmente validi al fine di garantire la correttezza dell'iter didattico e dei risultati ottenuti. Un *Learning Management System* (LMS) è un insieme delle funzionalità messe a disposizione di chi organizza il processo formativo per creare, gestire e monitorare i corsi. Tramite questi strumenti e appositi strumenti di *authoring*, talvolta integrati nell'LMS, è possibile organizzare o creare il materiale didattico utilizzato all'interno dei percorsi formativi che possono essere sia estremamente semplici che estremamente complessi. Ogni LMS mette a disposizione strumenti differenti per monitorare i corsi, ma quello che solitamente viene fatto da ogni LMS è il tracciamento automatico degli accessi dei singoli utenti, la memorizzazione delle navigazioni degli studenti al suo interno ed il salvataggio degli stati di avanzamento dei corsi da parte dei singoli utenti. Viene inoltre offerta la possibilità di creare dei test che possono essere di semplice autovalutazione oppure dei veri e propri test valutativi; nel primo caso all'utente viene data l'occasione, tramite il test, di saggiare la sua preparazione al fine di rendersi conto delle sue lacune e gli viene così data la possibilità di rimediare in vista dell'esame; nel secondo caso le votazioni dei test possono rappresentare dei veri e propri sbarramenti che possono permettere o precludere all'utente l'accesso agli

Tracciamento utenti →

step successivi del percorso formativo. Questo contribuisce a rendere "esplicito" al singolo studente il suo grado di preparazione ed al docente di rendersi conto della bontà del percorso formativo approntato o di eventuali problemi o lacune presenti all'interno dell'organizzazione didattica attuata. Possono essere inoltre previsti degli strumenti comparativi degli utenti della piattaforma per effettuare dei raffronti tra utenti singoli o tra intere classi, virtuali e non, presenti all'interno della piattaforma. Questo permette di monitorare i progressi delle singole classi accedendo ad informazioni e statistiche che aiutano a modulare all'inizio i percorsi formativi e a rimodularli laddove si rendesse necessario, nelle fasi successive.

← *Strumenti comparativi*

Utili al monitoraggio sono tutti gli strumenti di comunicazione tra gli utenti della piattaforma; sia docenti che tutor hanno la possibilità di entrare in chat con gli studenti o di leggere i *post* dei forum di discussione, potendo così partecipare attivamente, come facilitatori e/o moderatori, o solo passivamente, come semplici uditori alle discussioni tra gli studenti. Là dove si rende necessario è possibile attivare gruppi di discussione su argomenti di particolare interesse o di notevole complessità in modo da guidare gli studenti focalizzandoli su determinati argomenti piuttosto che su altri. È possibile, inoltre, raccogliere esplicitamente commenti e suggerimenti attraverso la somministrazione, sempre per mezzo dell'LMS, di questionari di valutazione anonimi che, somministrati ad intervalli regolari, permettono di migliorare per step successivi il processo di apprendimento.

Come si esplicita il servizio di monitoraggio? Gli LMS mettono a disposizione dei tutor e dei docenti tutta una serie di report, sia preconfezionati che personalizzabili, che permettono di effettuare tutte le operazioni sopra descritte. Grazie, infatti, al tracciamento dei percorsi di navigazione dei singoli utenti è possibile ricavare ogni tipo di informazione e statistica su tutti gli strumenti messi a disposizione degli utenti dell'LMS.

← *Report preconfezionati e report personalizzabili*

Tutto ciò permette di ricavare dei vantaggi non solo per quel che riguarda l'evoluzione del processo formativo, come sottolineato finora, ma anche per l'evoluzione dei mezzi tecnologici. Se da un lato, infatti, gli strumenti e le metodologie appena descritte vengono incontro all'utente nella realizzazione pratica di percorsi formativi sempre più efficaci, dall'altra anche la tecnologia beneficia di tali feedback perché, sperimentando soluzioni diverse e sempre più evolute, c'è la possibilità di giungere alla realizzazione di strumenti didattici sempre più evoluti. Essi, a loro volta, permetteranno di migliorare ulteriormente il livello della didattica innescando, così, un "*circolo virtuoso*" che permetterà di ottimizzarli in modo da realizzare una didattica di livello sempre più alto.

2.6 Testing

All'interno di una piattaforma e-learning vi sono diverse modalità di somministrazione di test o di allestimento di attività formative a supporto dell'apprendimento. Di seguito ne sintetizziamo alcuni.

Test a risposta multipla: questo è il tipo di test di default. I test a risposta multipla richiedono agli studenti di scegliere una risposta ad una domanda tra un set di alternative. La risposta corretta permette allo studente di avanzare nella lezione, le risposte errate invece no. Le risposte errate sono a volte chiamate "distrattori" e l'utilità di questi test spesso è legata più alla qualità dei distrattori che alle domande in sé e alle relative risposte corrette. Ogni risposta può essere seguita da un eventuale messaggio di verifica. Se non è definito un messaggio di verifica per una certa risposta, vengono mostrati agli studenti quelli automatici: "*Risposta Corretta*" o "*Risposta Errata*". È possibile avere più di una risposta corretta ad una domanda a risposta multipla. Le varie risposte corrette possono restituire agli studenti differenti messaggi di verifica e saltare a differenti pagine (successive) della lezione, ma non fanno variare il loro voto, (alcune risposte, cioè, non sono più corrette di altre, almeno in termini di voto finale). È anche possibile che tutte le risposte siano corrette e che portino lo studente a parti differenti (successive) della lezione in funzione della risposta scelta.

Una variante del test a risposta multipla è quello a **risposta multipla con più scelte**. Questo tipo di test richiede allo studente di individuare tutte le risposte corrette ad una domanda da un set di alternative. Già nella domanda, talvolta, risulta evidente il numero di risposte esatte previste. Per esempio, se chiediamo: "*Quali dei seguenti, furono presidenti degli USA?*" in tal caso non si intuisce se nelle alternative date vi è una o più risposte corrette; mentre "*Scegli i due presidenti degli USA dalla seguente lista*", naturalmente è evidente che nella scelta da fare due sono le risposte corrette. L'effettivo numero di risposte corrette può andare da uno fino al numero massimo di scelte possibili. Si noti che una domanda di test a risposta multipla con più scelte con una sola risposta corretta è differente da una domanda di test a risposta multipla poiché la precedente dà allo studente la possibilità di scegliere più di una risposta, mentre l'altra no. Ancora, le risposte corrette sono contraddistinte da salti in avanti, mentre quelle sbagliate da salti alla stessa pagina o all'indietro. Quando c'è più di una risposta corretta i salti dovrebbero andare tutti alla stessa pagina, e similmente con le risposte errate. Se non è così, viene evidenziata una segnalazione sulla lezione quando vista dall'insegnante. Un messaggio di verifica positivo, se richiesto, dovrebbe essere dato alla prima risposta corretta e uno negativo, sempre se richiesto, dovrebbe essere dato alla prima risposta errata.

Test a risposta breve: allo studente è richiesta la redazione di un breve testo come risposta. Questo è confrontato con una o più risposte. Le risposte possono essere giuste o sbagliate. Ogni risposta può avere o meno un eventuale messaggio di verifica. Se non è definito alcun messaggio associato a una risposta, allo studente saranno mostrati i *default* "*Risposta Corretta*" o "*Risposta Errata*". Se il testo scritto dallo studente non corrisponde ad alcuna risposta, la scelta fatta è sbagliata e allo studente viene mostrato il messaggio di verifica negativo. Per *default* il controllo ignora la differenza di caratteri minuscoli o maiuscoli. C'è comunque un'opzione per rendere il controllo *case sensitive*.

Test Vero/Falso: questo test è dato da domande per le quali sono previste solo due modalità di risposta, vero o falso. Lo studente è invitato a indicare quale sia quella giusta. Questo tipo di test è fondamentalmente test con risposta multipla con solo due scelte.

Test a corrispondenza: i test di questo tipo sono molto utili e flessibili. Consistono in una lista di nomi o frasi che devono corrispondere correttamente ad un'altra lista di nomi, frasi o immagini. Per esempio, "*Metti in corrispondenza la capitale con il paese*" con le due liste Giappone, Canada, Italia da un lato e Tokio, Ottawa e Roma dall'altro; oppure – attività molto efficace nel caso di apprendimento delle lingue straniere – data un immagine viene chiesto di associare la corretta traduzione nella lingua straniera. È possibile avere termini ripetuti in una delle liste ma bisogna fare attenzione a scrivere in modo identico le ripetizioni. Per esempio "*Associa la categoria esatta*" con le liste Mucca, Rosa, Abete e Cane, Animale, Albero, Fiore e Animale.

Quando si crea questo tipo di test i termini della prima lista vanno nei box "*Risposta*", mentre i termini della seconda lista vanno nei box "*Messaggio di verifica*". Una volta che la domanda è stata creata, viene mostrata una più evidente etichettatura. Quando lo studente perviene alle corrispondenze corrette viene utilizzato il salto definito sulla prima risposta. Una risposta sbagliata fa utilizzare il salto definito sulla seconda risposta. La domanda non prevede messaggi di verifica personalizzati, allo studente viene detto quante corrispondenze sono state individuate o se sono state individuate tutte quante.

Diversamente dai test a risposta multipla, in cui le risposte alle domande sono mostrate in un ordine casuale, in questa tipologia la prima lista di termini non è mescolata ma è mostrata nello stesso ordine in cui è stata inserita. Questo permette di costruire domande "ordinate". Consideriamo, ad esempio, la domanda "*Metti i seguenti personaggi in ordine di nascita (i più anziani prima)*" con le liste 1., 2., 3., 4. e Longfellow, Lawrence, Lowell, Larkin. La prima lista è ordinata e, ovviamente, la seconda lista è data in ordine casuale.

Test a risposta numerica: contiene domande che richiedono un numero come risposta. Nella sua forma più semplice richiede una sola risposta. Per esempio "*Quanto fa 2 + 2?*" con la risposta "4" che permette un salto alla pagina successiva. Comunque, di solito, è meglio specificare un intervallo (come controllo) perché gli arrotondamenti interni dei valori numerici potrebbero portare a risultati non corretti. Così, per la domanda "*Quanto fa 10 diviso 3*" è necessario prevedere risposte all'interno di un intervallo definito come "Minimo: Massimo", cioè due valori separati dai due punti (:). Così se 3.33:3.34 è fornito come intervallo accettabile per la risposta, allora tutte le risposte del tipo 3.33, 3.333, 3.3333... saranno considerate corrette. Invece risposte errate saranno, ad esempio, 3.3 (minore del minimo) e 3.4 (maggiore del massimo).

È possibile prevedere più risposte corrette e queste possono essere singoli valori o coppie di valori. Si noti che l'ordine col quale le risposte sono verificate è Risposta 1, Risposta 2, ..., per cui si deve fare attenzione a definire il corrispondente messaggio di verifica. Per esempio, la domanda "*Quando è nato Larkin?*" può avere come risposta il singolo valore 1922, che è la risposta esatta, e la coppia di valori 1920:1929, gli anni '20, come risposta giusta ma meno esatta. L'ordine nel quale questi valori sono verificati è, ovviamente, 1922 e poi 1920:1929. La prima risposta può avere come messaggio di verifica "*Risposta esatta*" mentre il messaggio di verifica all'altra risposta può essere "*Quasi giusto, hai indovinato la decade corretta*".

Risposte errate possono essere previste ma, secondo la larghezza dell'intervallo previsto, bisogna posizionarle dopo le risposte più corrette. Per esempio aggiungendo la risposta errata 3:4 alla domanda "*10 diviso 3*" questa deve seguire la risposta corretta. Cioè le risposte sono ordinate 3.33:3.34 (risposta corretta) e poi 3:4 (risposta errata, ma non esageratamente errata!).

Web Quest: allo studente è chiesto di utilizzare internet, navigando siti suggeriti nel compito, con l'obiettivo di ricercare le notizie utili e rispondere ai quesiti posti dal docente. Grazie a questo tipo di attività gli studenti possono compiere un lavoro che consente loro di approfondire maggiori informazioni su specifici argomenti, ampliando in questo modo le proprie conoscenze. La naturale curiosità dello studente può essere quindi supportata dalla facilità delle ricerche, e la difficoltà dello svolgimento dei compiti può essere associata all'ausilio delle informazioni trovate. Lo studente, inoltre, nello svolgimento del lavoro non è lasciato a se stesso di fronte alla complessità della ricerca, in quanto non sempre i comuni motori di ricerca sono di facile utilizzo, o meglio, per poter effettuare una corretta ed esaustiva ricerca, occorre indicare delle parole chiave, adatte per reperire le informazioni che servono realmente. Viene, quindi, fornito con il *Web Quest* uno scenario, che supporta la ricerca stessa, la descrizione dei compiti, che consente di chiarire i punti chiave della ricerca, ed un insieme di risorse, che possono rendere più ricco il lavoro. Grazie a questo strumento gli studenti apprendono lo svolgimento corretto di una ricerca nel web, rendendo internet stesso una risorsa reale e non dispersiva. Si possono selezionare le informazioni più pertinenti, portando a buon fine il compito che lo studente si è inizialmente proposto.

Test a domande con riempimento di vuoti (Cloze): questo tipo di test consiste in un testo da completare con diverse modalità. È possibile, infatti, far inserire all'utente del testo libero oppure dare la possibilità di scegliere tra un elenco di risposte possibili; queste due alternative vengono realizzate inserendo all'interno del testo o dei campi di testo da riempire o dei menù a tendina con delle possibili risposte da selezionare.

Test *Drag and Drop*: letteralmente significa "trascina e lascia"; questa tecnica viene utilizzata per consentire all'allievo di scegliere, fra le diverse opzioni di una domanda a risposta multipla, quelle che ritiene corrette, o per individuare una giusta sequenza di parole o frasi.

2.7 Standard e sistemi di *authoring*

Standard Uno standard è l'insieme di regole e caratteristiche universalmente riconosciute ed adottate in uno specifico ambito. L'importanza dell'esistenza e dell'adozione di uno standard è evidente: esso consente di realizzare un'attività in maniera efficace ed efficiente indipendentemente dall'esecutore o dal luogo in cui l'attività viene realizzata. L'adozione di uno standard in generale permette la riproducibilità dell'attività stessa e ne garantisce il livello minimo di qualità. L'esistenza di standard può essere considerato un indice della maturità dell'ambito per il quale è stato creato.

Uno standard consente quindi di definire in maniera formale l'insieme di regole che devono essere rispettate per la realizzazione dell'attività stessa, indipendentemente dalle sue specificità.

La creazione degli standard, in qualsiasi campo segue un percorso preciso.

Il primo passo consiste nello studio delle esigenze e nella raccolta delle varie procedure già esistenti, liberamente modificate per rispondere ad esse.

← *Standard de jure e standard de facto*

Differenti Enti possono essere coinvolti in questa fase di analisi finalizzata ad individuare quali procedure è necessario ancora migliorare, definendo correttamente le specifiche per lo standard che si vuole implementare. Questa fase si completa con la stesura, la formalizzazione e l'emanazione di tali specifiche, che restano però ancora soggette a revisioni e modifiche fino al raggiungimento di un certo livello di stabilità delle specifiche stesse. Le attività di questa fase sono realizzate da consorzi o gruppi collaborativi; per l'e-learning citiamo: AICC (*Aviation Industry CBT Committee*, dove CBT sta per *Computer Based Training*), IMS (IMS Resource Meta-data information Model version 1.1, *Fina Specification*) e ARIADNE (ARIADNE *Educational Metadata Recomandation 2001*).

La fase successiva prevede la verifica delle specifiche individuate attraverso un processo di testing. Ne risultano dei modelli di riferimento ad esempio SCORM (*Sharable Content Object Reference Model*) per l'ADL (*Advanced Distance Learning*) e l'EML (*Educational Model Learning*) per il CEN/ISSS (*Centre for European Normalisation/Information Society Standardisation System*).

Le specifiche testate e verificate passano al vaglio di commissioni di esperti afferenti ad Enti di standardizzazione e, solo se ottengono il loro consenso, ricevono la certificazione (riconoscimento formale) e diventano standard *de iure*.

Oltre agli standard *de iure* esistono gli standard *de facto*. Essi sono sviluppati da aziende o gruppi di lavoro e traggono la loro validazione dalla larghissima diffusione, anche se possono non essere riconosciuti formalmente da nessun ente di standardizzazione (Fig.1).

Come già visto in precedenza, l'e-learning introduce una nuova metodologia didattica finalizzata a costruire conoscenza intorno al discente, ottimizzando le azioni

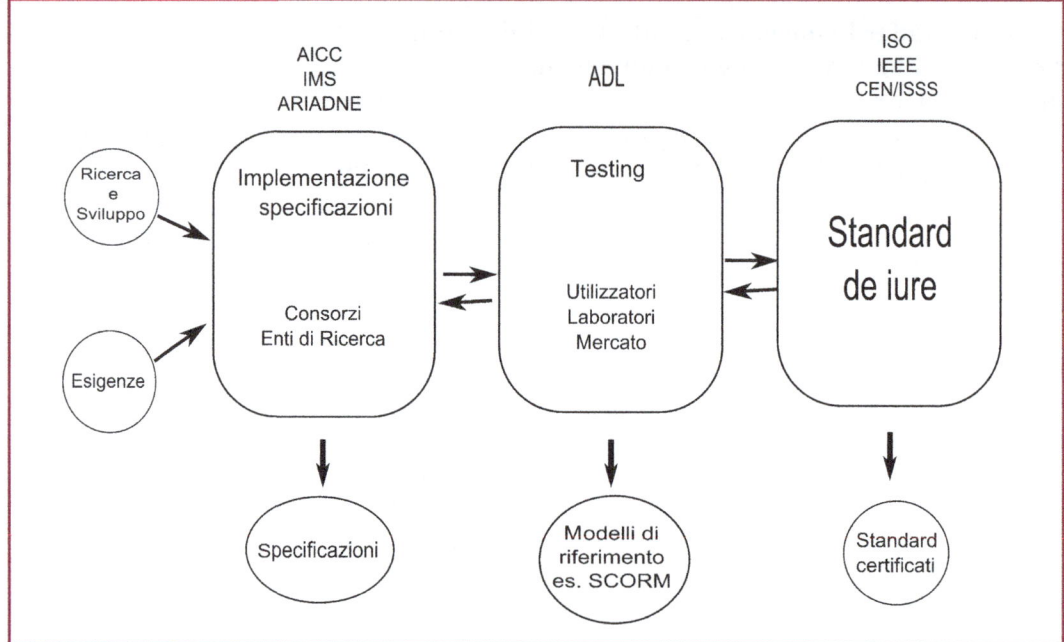

Fig. 1 Modello di evoluzione di uno standard

formative in base alle sue personali caratteristiche ed esigenze. Gli strumenti che consentono di raggiungere tali obiettivi sono il *Learning Management System* (LMS), il *Content Management System* (CMS) e il *Learning Object* (LO). Gli standard e i relativi modelli riguardanti il settore dell'e-learning interessano essenzialmente i contenuti.

Lo SCORM definisce il modello di aggregazione dei contenuti per la FAD e l'ambiente di *run-time* per i LO.

L'architettura di SCORM è costituita da quattro elementi essenziali:

1. LO: l'elemento minimo di conoscenza, aggregando più LO è possibile comporre un intero corso;
2. LMS: l'ambiente che consente la gestione e la fruizione del corso;
3. CSF (*Course Structure Format*): file di interscambio che permette la conversione del corso per il suo utilizzo in LMS diversi;
4. *Run-time*: il sistema che avvia il corso, soddisfacendo le richieste dell'utente finale.

Requisiti per i contenuti e-learning secondo lo standard SCORM ➔ Secondo il modello SCORM i contenuti per l'e-learning dovrebbero soddisfare i seguenti requisiti: accessibilità, riusabilità, durevolezza e interoperabilità.

- Accessibilità. I LO dovrebbero essere corredati da informazioni accessorie (i metadata), in modo da essere facilmente catalogabili ed accessibili.
- Riusabilità. I LO dovrebbero essere progettati in modo abbastanza flessibile da poter essere inseriti in contesti diversi da quello iniziale.
- Durevolezza. I LO non dovrebbero essere influenzati da aggiornamenti o variazioni del sistema software che li ospita.
- Interoperabilità. I LO dovrebbero essere indipendenti dal contesto tecnologico (hardware e software) in cui inizialmente sono stati collocati. Questo comporta che un LO sviluppato inizialmente per un LMS dovrebbe funzionare allo stesso modo in qualunque altro LMS SCORM compatibile.

Per quanto detto, SCORM definisce le regole per il riutilizzo, la catalogazione e il tracciamento degli oggetti didattici;esso, quindi, non riguarda direttamente le piattaforme ma i LO.

Un LO conforme al modello SCORM può contenere qualunque formato di file, tra i più diffusi ricordiamo html, flash, immagini e file multimediali, tali oggetti vengono indicati come SCO (*Shareable Content Object*), nel caso in cui siano dotati della capacità di dialogare e interagire con l'LMS, vengono invece indicati come ASSET.

Le *resource* sono gli insiemi degli elementi (SCO e ASSET) che compongono lo *scorm package*. Le *organization* sono costituite da una particolare sequenza di *resource* che possono contenere vincoli tra un oggetto e l'altro (ad esempio, l'oggetto 1 è propedeutico a quello 2).

I vincoli per la navigazione dei componenti del LO possono essere di uso e di risultato.

I primi comunicano alla piattaforma informazioni relative allo stato di utilizzo dell'oggetto, ad esempio se è stato aperto, visualizzato parzialmente o completamente, se è stato fruito in ogni sua parte e quindi completato.

I secondi, i vincoli di risultato, forniscono alla piattaforma informazioni sui risultati conseguiti dal discente, ad esempio per un test superato o non superato.

Oltre che dalle *organization*, che possono essere più di una per lo stesso LO, un altro ruolo importante è rivestito dall' IMS *Manifest*. Questo è un file xml sempre presente in un pacchetto SCORM e contiene informazioni sulle *resource* presenti, sulle *organization* e i metadata disponibili.

Abbiamo evidenziato quali sono i ruoli e i rapporti esistenti tra l'infrastruttura per la gestione del processo formativo (LMS) e l'oggetto formativo (LO) stesso, evidenziando che gli standard per l'e-learning interessano principalmente gli LO e come conseguenza gli LMS. Per poter generare LO che rispettino quanto previsto negli standard è possibile seguire diverse strade:

1. usare strumenti di *authoring* integrati nella piattaforma utilizzata;
2. utilizzare strumenti di *authoring* esterni (esistono prodotti sia a pagamento sia *free*).

Quale che sia la soluzione scelta, lo scopo è sempre quello di ottenere un LO, un pacchetto in formato .zip o .pif, conforme alle specifiche dello standard, al fine di garantirne la interoperabilità, cioè il corretto funzionamento una volta importato, indipendentemente dalla piattaforma scelta.

In generale quindi lo strumento per la produzione dell'LO deve:
- importare e gestire gli *assett*;
- definire le risorse;
- definire gli SCO e loro proprietà;
- implementare le funzionalità per la interazione con gli LMS richiesti.

Capitolo 3

Insegnare e apprendere online

Silvia Selvaggi

3.1 Integrazione alla didattica tradizionale

L'evoluzione tecnologica ha esercitato un impatto notevole sul sistema insegnamento-apprendimento, sia nell'ambito della formazione sia dell'aggiornamento, facilitando il contatto e l'erogazione dei servizi al docente e allo studente, migliorando la comunicazione e ottimizzando l'uso delle risorse umane e strumentali. L'e-learning, infatti, propriamente utilizzato, consente di modificare il modo di fruire e fare didattica, trasformando la comunicazione unilaterale e la supervisione dall'alto verso il basso in un lavoro di gruppo, d'interazione e cooperazione tra pari. La figura principale – pertanto – non è più il solo docente, ma un gruppo costituito da docenti, tutors e studenti, che insieme si configurano come una «comunità che costruisce conoscenze» (Cacciamani, 2002). La presenza del docente naturalmente non può essere sostituita, piuttosto gli strumenti informatici possono rappresentare un valido e potente supporto alla didattica tradizionale. Non a caso i migliori risultati si ottengono con una scelta *blended*, in cui parte del corso è erogata in presenza, con tradizionali lezioni frontali, e parte online, con attività ed esercitazioni da svolgere all'interno di una piattaforma, e strumenti per la interazione con docenti e colleghi.

Insomma, cambia il modo di fare didattica: lo stu-

← *Un nuovo modo per fare didattica*

Interazione e cooperazione ➡ dente è messo in condizione di apprendere qualcosa non soltanto ed esclusivamente dalla lezione del docente e dallo studio dei libri, ma anche attraverso lo scambio intellettuale tra colleghi, grazie all'interazione favorita dalla rete. Con tale metodologia, dunque, non si vuole semplicemente trasmettere il sapere, ma piuttosto si mira a rendere gli studenti interattivi non solo con il docente, ma anche tra loro, e si tende a stimolarli a compiere un proprio percorso formativo, a pensare in modo autonomo, a prendere iniziative originali per la risoluzione di un problema di interesse comune. Ne consegue, dunque, un guadagno innegabile in efficienza, qualità, valorizzazione delle risorse e, non ultimo, un notevole miglioramento nella gestione del proprio tempo.

Vantaggi ➡ Tra i vantaggi offerti dagli strumenti telematici, infatti, vi è quello spazio-temporale, in quanto ciascun discente può studiare secondo i propri tempi e ritmi, stando anche lontano dal luogo di studio, oltre alla possibilità di interagire in modo sincrono e asincrono coi propri colleghi e col docente. Contrariamente a quanto si pensa, l'uso delle nuove tecnologie non deve isolare, ma potenziare le relazioni tra individui anche se non presenti simultaneamente.

Supporto alla didattica tradizionale ➡ Un buon sistema di formazione a distanza deve, dunque, essere in grado di integrare il tradizionale processo didattico, senza portare gli studenti all'isolamento o allo studio individualistico. Pertanto appare fondamentale per i docenti avere la possibilità di accedere a strumenti di supporto che consentano loro di mantenere e gestire adeguatamente un rapporto diretto con ogni singolo studente; cosa che deve essere favorita dalla presenza di un sistema di comunicazione computer *based* che non soltanto consente al docente di interagire attraverso gli strumenti informatici con i suoi studenti, ma garantisce il fatto che tali comunicazioni vengano organizzate e gestite dalla tecnologia in maniera tale da costituire una vera e propria banca dati della conoscenza e delle esperienze.

L'e-learning, dunque, vuole rappresentare un supporto per i docenti che vogliono utilizzare le nuove tecnologie a sostegno della didattica. Tale supporto però non deve tramutarsi in ulteriore carico di lavoro di tipo informatico; piuttosto i docenti e tutte le figure coinvolte nel processo formativo devono potersi servire degli strumenti telematici, senza preoccuparsi eccessivamente del software e della tecnologia, bensì ponendo la propria attenzione esclusivamente sulle attività didattiche da proporre agli studenti. In sintesi, la migliore soluzione si traduce nell'offrire un'infrastruttura informatica, completa e di facile utilizzo, dando la possibilità ai docenti di gestire, semplicemente con un click, una consistente quantità di materiale didattico e agli studenti di usufruire di tale materiale e di lezioni, adeguatamente elaborate, attraverso un'interfaccia web accessibile da qualsiasi postazione internet.

Inoltre, la preparazione e l'allestimento di lezioni, l'organizzazione del materiale didattico e tutte le attività previste per lo studio a distanza devono essere elaborate secondo precisi requisiti e prevedono l'applicazione di una metodologia di apprendimento. La scrittura online, infatti, è molto più complessa, in quanto leggere su schermo è il 25% più lento che leggere su carta. Dunque sarebbe impensabile creare pagine web semplicemente trasformando dei testi pensati e scritti per la carta. Piuttosto vanno rispettate alcune regole sia per il modo di scrivere, per esempio elaborare testi brevi, che non obblighino il lettore a usare la barra di scorrimento, o in caso di testi lunghi utilizzare correttamente l'ipertesto e "stratificare" le informazioni su più livelli; sia per la gestione della lezione e delle attività online, che vanno programmate in anticipo e organizzate in ogni aspetto insieme ad un team di esperti, che si affiancano al docente per poter offrire formazione e assistenza per l'utilizzo della piattaforma e di tutti gli strumenti informatici necessari per il raggiungimento dell'obiettivo, garantendo una personalizzazione della piattaforma in base alle esigenze specifiche concordate col docente che eroga il corso. Insomma ogni aspetto dell'attività online va organizzato adeguatamente, evitando improvvisazioni.

← *Una nuova metodologia di apprendimento*

← *Un team di esperti*

3.2 Acquisizione e ottimizzazione dei contenuti per la fruizione online

Una piattaforma e-learning può essere utilizzata in maniera semplice e intuitiva, attraverso un'interfaccia web per la realizzazione di lezioni, l'inserimento di con-

← *Utilizzo di una piattaforma e-learning*

tenuti, la gestione di forum, chat e bacheca. Oppure, in contesti più complessi, si prevede una gestione centralizzata per le attività di coordinamento e gestione tecnologica e la collaborazione di esperti, che assicurano un riferimento costante e puntuale per la realizzazione di moduli didattici articolati e strutturati.

Gestione individuale → Nel primo caso si tratta dell'utilizzo di una piattaforma e-learning da parte di docenti e tutor, che già hanno una discreta dimestichezza informatica con tali strumenti e metodologie e che desiderano una maggiore autonomia per l'inserimento del materiale didattico. L'ausilio di un tecnico, che provvede ad installare la piattaforma e assicura il suo funzionamento per tutta la durata del corso, è comunque indispensabile, altrimenti potrebbe succedere che il docente più esperto dal punto di vista informatico si trasformi in tecnico di emergenza, rischiando di trascurare la didattica. Piuttosto, una volta installata la piattaforma da parte di un tecnico, docenti e tutor avranno una password e potranno allestire e implementare lezioni in modo semplice, direttamente dalla rete, attraverso creazioni guidate, senza avere necessariamente conoscenze di linguaggi di programmazione. Potranno, infatti, semplicemente con un click, inserire contenuti e documenti in qualsiasi formato (documenti di word, power point, pdf, ecc.), creare test formativi e test valutativi, gestire forum, chat e bacheca, realizzare percorsi formativi, utilizzare la messaggistica interna.

Gestione centralizzata → Nel secondo caso, invece, grandi strutture come Università, enti pubblici o aziende private prevedono l'articolazione di tre fasi che vedono la cooperazione di più gruppi di lavoro, che interagiscono anche a distanza.

Innanzitutto un coordinatore operativo, nell'avviare le attività di progettazione, dovrà assegnare ruoli e compiti a ciascun componente di ogni gruppo, per evitare dispersioni di energie, assicurandosi che tutto funzioni correttamente nei tempi stabiliti. Il lavoro, dunque,

Ruoli e compiti → potrebbe essere distribuito secondo le competenze:
- Un primo gruppo dovrà garantire un supporto per l'organizzazione delle attività corsuali; gestire i rapporti fra gli specialisti (tecnici, sviluppatori) con gli utenti intermedi e finali (docenti/studenti); allestire *vademecum* e linee guida per lo sviluppo delle attività corsuali e l'erogazione delle attività didattiche; provvedere all'addestramento iniziale per l'uti-

lizzo della piattaforma e all'assistenza online in itinere.
- Un altro gruppo avrà il compito della gestione tecnologica, provvedendo alla configurazione e manutenzione del server che ospita la piattaforma, con relativa gestione e realizzazione delle componenti software aggiuntive necessari, e curando l'allestimento e la produzione di moduli didattici multimediali.
- Infine il gruppo per la gestione didattica, formato da docenti e tutor che provvedono alla progettazione dell'intera attività didattica, sia quella in presenza corredata da materiale online di supporto e approfondimento, sia quella da erogare a distanza attraverso video lezioni, attività formative, questionari e test.

Ogni gruppo, dunque, si occuperà di un aspetto per assicurare una corretta fruizione della lezione, concretizzando una fase del processo:

⬅ *Fasi necessarie per la preparazione di lezioni su piattaforma*

Iª fase: addestramento. Gli esperti tecnologici preparano il personale docente e i tutor all'utilizzo della piattaforma e insegnano le funzionalità necessarie ai discenti per partecipare al corso. A tal fine è necessario non disilludere le aspettative degli studenti, facilitando quanto più possibile l'accesso al web e l'utilizzo della piattaforma e-learning, per non rischiare che si produca disaffezione nei confronti della nuova metodologia seguita.

IIª fase: produzione. In base ad una griglia e ad un protocollo in formato testo predisposti dagli esperti tecnologici, i docenti supportati da operatori in loco provvedono alla raccolta dei materiali didattici e di approfondimento, alla registrazione delle lezioni (in caso si voglia predisporre di video lezioni) e concordano con gli esperti le modalità di post-produzione.

IIIª fase: post produzione. Il materiale didattico così raccolto è dato al gruppo di esperti tecnologici che opera in modo centralizzato, provvedendo all'ottimizzazione e messa in opera della lezione. In particolare si occupa di:

⬅ *Realizzazione della lezione*

- rifinitura e compimento della lezione;
- creazione di immagini o altro materiale come supporto alla lezione;
- ricostruzione grafica in 2D e 3D (anche di lucidi scansiti);

- assemblaggio e allestimento delle unità didattiche, all'interno di uno stesso percorso;
- ottimizzazione video, in caso di registrazione della lezione;
- pubblicazione in area riservata alla verifica del docente (in attesa della sua autorizzazione per la pubblicazione nell'area studenti);
- revisione in caso di rettifiche.

Assistenza e supporto online ➜ Inoltre, al fine di una corretta fruizione dei contenuti didattici da parte degli studenti, il gruppo di esperti da un lato e i docenti e tutor dall'altro devono garantire un'assistenza e un supporto costante online per tutta la durata del corso.

In sintesi, tale metodologia si pone l'obiettivo di creare un luogo virtuale capace di supportare gli studenti nel processo di apprendimento e i docenti nella creazione dei percorsi di insegnamento alternativo e a supporto della didattica tradizionale.

3.3 Elaborazione del modulo didattico

Il modulo didattico rappresenta l'evoluzione della didattica tradizionale, un metodo di insegnamento che modifica l'apprendimento imposto dall'abituale approccio didattico. All'interno della piattaforma il docente *Un nuovo modo di* ➜ ha la possibilità di organizzare e gestire una o più lezio-
apprendere ni relative a un argomento attraverso supporti audio e video, sistemi per la condivisione di risorse, e strumenti per l'articolazione delle parti. Lo studente, invece, dal punto di vista grafico visualizza tutti gli elementi della lezione e, a seconda della scelta formativa fatta dal docente, può stabilire la modalità di navigazione ed esplorazione dei contenuti o al contrario sarà costretto a seguire un preciso percorso stabilito dal docente.

Il modulo didattico può rivelarsi particolarmente efficace nel caso di una soluzione *blended*, in cui la lezione in presenza è supportata dagli strumenti informatici prima, durante e dopo la sua realizzazione. Lezione che diventa fruibile in modo più efficiente e consapevole da parte dei discenti in un processo di apprendimento dinamico e collaborativo.

Struttura del modulo ➜ La struttura del modulo è costruita direttamente dal docente e articolata in tutte le sue parti secondo le esigenze formative. L'allestimento del materiale deve poter essere fatto facilmente: l'ambiente di progettazione, infatti, deve essere semplice e immediato, rispondente all'immediatezza del normale processo di preparazione e svolgimento dell'attività di insegnamento, altrimenti potrebbe risultare demotivante o dispersivo. In tale contesto è necessario che la piattaforma offra diverse modalità di sviluppo in funzione della dimestichezza informatica del docente. Dovrebbe prevedere, dunque, per la stesura dei testi sia un *editor* simile a quelli già abitualmente usati nei programmi di uso corrente (per esempio nei programmi di videoscrittura), in modo da inserire facilmente contenuti attraverso un'interfaccia grafica facile e intuitiva, sia un *content management* più complesso per la gestione di tutti gli elementi per il web (grafica, testo e animazioni), sia la possibilità di far riferimento a materiale ipertestuale già allestito, residente su un altro server o uno spazio web diverso.

⬅ *Ambiente di progettazione*

Le fasi di costruzione del modulo didattico possono variare e prevedere diversi momenti, sia per l'organizzazione delle attività da svolgere, sia per la gestione dei contenuti didattici. Il docente e il gruppo di progettazione possono, dunque, programmare l'attività in tutte le sue parti, inserire nel modulo diversi elementi, decidere di rendere visibile al corsista tutto il materiale sin dall'inizio o solo ciò che si ritiene più opportuno, definendo delle scansioni nella sua distribuzione. Schematicamente le fasi per la composizione del modulo da parte del docente sono:

⬅ *Programmazione e gestione delle attività didattiche*

⬅ *Composizione del modulo*

- predisposizione della scheda di presentazione della lezione, o dell'argomento trattato in più lezioni, consultabile in rete prima dell'incontro in presenza;
- preparazione di *slide* da mostrare durante la lezione e da lasciare in rete a disposizione dei corsisti anche dopo;
- preparazione di materiale di approfondimento, diviso per categorie, inserito in rete come allegato scaricabile;
- segnalazione di siti o link esterni utili per ulteriori forme di approfondimento: argomenti correlati o manuali e testi autorevoli di riferimento;
- segnalazione della possibilità di discutere l'argomento trattato anche nel forum, con un link diretto alla discussione;

- predisposizione di un glossario, anche in modo automatico con l'immissione di parole chiave, da parte del docente che crea un nuovo modulo;
- costituzioni di FAQ, che possono essere create dal docente a priori o generate dalle domande poste dagli studenti;
- preparazione di dispense da rendere disponibili in rete, specialmente in caso di argomenti particolarmente difficili;
- preparazione di test ed esercitazioni sull'argomento trattato da far svolgere in itinere come esercizi formativi e non valutativi;
- preparazione di video, utile soprattutto in ambito tecnico professionale o scientifico e medico per dimostrazioni pratiche.

Scrivania virtuale ➡ Lo studente, dunque, si trova di fronte a una grossa quantità di materiale didattico, ma ben strutturato e alleggerito anche da una grafica accattivante che evidenzia le parti più importanti e finalizzate allo studio rispetto a quelle invece collaterali, ma ugualmente utili per l'approfondimento. Si realizza una sorta di scrivania virtuale con la lezione da studiare in primo piano e tutto ciò che serve per l'approfondimento, e/o un eventuale chiarimento, posto in secondo piano, ma sempre a portata di click. Allo stesso tempo allo studente è offerta la possibilità di interagire. Può infatti:

Interazione da parte dello studente ➡

- Direttamente dal modulo, porre al docente o al tutor domande, di tipo contenutistico e di chiarimento o più specifiche per un eventuale e ulteriore approfondimento. Le domande poste possono diventare pubbliche (FAQ), a discrezione del docente, se di utilità per tutta la comunità.
- Chiedere un appuntamento in chat per dialogare in tempo reale col docente o col tutor sull'argomento trattato nel modulo.
- Inviare un messaggio di posta elettronica al docente e al tutor o a tutta la comunità.
- Vedere se l'argomento trattato nel modulo è discusso nel forum ed eventualmente entrare nella discussione direttamente tramite link.
- Segnalare commenti, link, siti che possono diventare una risorsa in aggiunta al modulo.
- Esercitarsi, tutte le volte che vuole, attraverso i test e le esercitazioni preparati dal docente, indicando le eventuali difficoltà riscontrate durante lo svolgimento.

Dunque, il modulo rappresenta il punto di partenza per lo studente interessato allo studio di un argomento nella sua interezza, a differenza degli altri strumenti – forum, FAQ, *repository* – che invece sono strutturati per categoria. Nel primo caso è possibile vedere tutto ciò che è stato inserito riguardo a un solo argomento (o più argomenti legati in uno stesso modulo), nel secondo tutta l'attività sviluppatasi in una determinata sezione.

← *Apprendimento trasversale per argomenti o verticale per sezioni*

Il modulo, inoltre, per la sua articolazione in unità e sotto unità, ben si presta alla costituzione di una struttura del *Learning Object* (LO), "unità autoconsistenti" e riutilizzabili in varie combinazioni. Naturalmente il riuso può essere considerato solo nel caso di acquisizione di competenze specifiche, come per esempio l'apprendimento dei concetti fondamentali di informatica o la storia della letteratura, in campo umanistico o ancora per la comprensione di particolari nozioni tecnico-pratiche, che non subiscono variazioni di contenuti. Mentre altri contenuti formativi, come le conoscenze di tipo scientifico ma anche umanistico, nel caso di percorsi tematici, sono soggetti al fenomeno dell'obsolescenza, per cui il materiale didattico richiede una revisione frequente e non può, quindi, essere riutilizzato a lungo.

← *Riutilizzo, condivisione e aggiornamento dei moduli*

Una volta assemblato il materiale didattico e creato il modulo si può disporre l'archiviazione e la condivisione tramite archivi digitali, prevedendo allo stesso tempo un sistema per l'aggiornamento e la sostituzione del vecchio materiale.

3.4 Comunicazione online a supporto di un processo di apprendimento

Realtà virtuale, due parole che esprimono un concetto ben chiaro e allo stesso tempo danno forma ad un ambiguo ossimoro. Si tratta di realtà o illusione? Il virtuale è una forma di esistenza che può realizzarsi, si oppone non al concetto di "reale", ma di "attuale". Secondo Lèvy non bisogna pensare alla realtà virtuale in termini di sostituzione, ma come qualcosa capace di aprire nuovi spazi, tanto che negli ultimi anni si è assistito al passaggio dalla società dell'informazione alla "società della rete". Dunque è in questo ambito, attraverso i nuovi

← *Nuovi spazi nella Società della Rete*

Interazione e comunicazione attraverso la Rete ➡

Comunità virtuali ➡

media, che nascono e si sviluppano modi di comunicare innovativi che esigono conoscenze e competenze specifiche da parte di chi li usa e di chi li gestisce.

Internet è un ambiente in cui si agisce come persona e attraverso cui si interagisce tra persone. Un mondo in cui entrano in gioco aspettative, valori, visioni del mondo, così come avviene nella vita di tutti i giorni. La rete, dunque, diventa un canale di comunicazione e relazioni umane e, grazie ai supporti informatici, muta il modo di fornire e reperire informazioni. In tale contesto si avvia il declino della tradizionale definizione secondo cui la rete rappresenta solo un immenso archivio di informazioni. Piuttosto è un "villaggio globale", in cui è possibile con facilità interagire, cooperare, condividere, dialogare, apprendere e istruire in modo diverso, a distanza, tra persone di luoghi e ambienti differenti.

Con la nascita di una nuova realtà, e con essa di una nuova cultura, sono nate delle vere comunità dette "comunità virtuali". Per dirla con Rheingold, uno dei maggiori studiosi di questo nuovo tipo di aggregazione, le realtà virtuali rappresentano «un insieme di individui che decidono di sfruttare le reti telematiche non tanto come fonte di informazione, ma soprattutto come strumento di comunicazione interpersonale» (Rheingold, 1994). Facilmente, e spesso in modo del tutto naturale, in rete nascono comunità aperte di persone che condividono gli stessi interessi, o gruppi che hanno semplicemente voglia di "incontrarsi" o infine gruppi di collaborazione di tipo didattico, generalmente chiusi e gestiti secondo regole precise. Di questi ultimi cercheremo di occuparci in modo più dettagliato.

3.4.1 News group

Derivazione delle comunità virtuali sono i *news group*. Gli attori, aggregati intorno a un interesse o passione comune, si incontrano in rete attraverso una comunicazione asincrona, in quanto interagiscono in uno stesso ambiente quando e come vogliono, svincolati dai condizionamenti spazio-temporali, scrivendo secondo i propri ritmi. A differenza di altri strumenti di comunicazione online, la tecnica di gestione e partecipazione al *news group* non prevede distinzione tra quelli allestiti per la formazione scolastica, universitaria o aziendale. In ogni caso rappresenta un elemento di supporto alla socializzazione e all'apprendimento cooperativo. In particolare rispetto al forum, il *news group* rappresenta uno spazio più libero, in genere non segue uno schema tematico, non è legato ad argomenti prestabiliti in precedenza, rappresenta piuttosto uno luogo assolutamente aperto e democratico, dove chiunque può accedere alla discussione o aprirne una e dire ciò che vuole. Generalmente vi sono richieste di chiarimenti, a cui fanno seguito numerosi interventi e proposte di soluzioni; oppure più semplicemente è un modo per esprimere le proprie sensazioni sul processo formativo, su ciò che sta accadendo nella comunità di apprendimento o sugli strumenti usati per il percorso formativo, diventando talvolta il luogo di negoziazione e discussione di eventuali problemi che possono sorgere all'interno della comunità stessa. Rappresenta, così, una meta-comunicazione che facilita l'intervento e la partecipazione attiva da parte di tutti, offre la possibilità a tutta la comunità di socializzare attraverso un linguaggio informale, e di confrontarsi su tematiche eterogenee e a volte anche banali, scambiandosi idee su eventi o problematiche comuni. Cadono le inibizioni tipiche della comunicazione in presenza, si riduce l'imbarazzo del partecipante che non riesce a prendere la parola, o della comunicazione online più ufficiale. È, infatti, più semplice prendere la parola in un ambiente informale, se naturalmente si avverte il senso di appartenenza al gruppo, altrimenti si rimane in una posizione di osservazione passiva che non agevola il processo di apprendimento collaborativo. La rete, in questa visione, assume essenzialmente il valore di canale di intermediazione ed è quindi considerata soprattutto come un terreno di esperienze tra individui diversi che mettono a disposizione di tutti la propria conoscenza, semplici informazioni o suggerimenti, in una configurazione dinamica, creando un nuovo modello di organizzazione delle idee: il modello reticolare, che modifica lo schema di relazioni tra individui.

Già nella comunicazione online uno-uno si è assistito a un cambiamento in questo senso, in quella uno-molti o molti-molti si amplifica maggiormente: a sostegno del singolo si attiva rapidamente l'intera comunità,

← *Uno spazio senza vincoli e regole*

← *Un luogo per socializzare, confrontarsi, discutere*

← *Modello reticolare*

Dall'individualità all'unanimità ➡

attraverso un frenetico scambio di opinioni e consigli, che possono rivelarsi soluzioni adatte e già pronte o riflessioni e spunti preziosi per il proprio lavoro. Grazie alla condivisione e visibilità reciproca si abbatte il concetto di individualismo a cui siamo abituati e si sopprimono i confini individuali a favore dell'omogeneità e unanimità del messaggio. Generalmente leggiamo un testo e lo associamo a uno autore, invece le reti telematiche tendono a universalizzare lo scambio e a rendere unico il messaggio-testo letto e rivisto da tanti.

Il *news group* didattico è preferibile che sia chiuso ai soli partecipanti del corso e incluso in una piattaforma, in modo che sia possibile accedervi previa autenticazione, inserendo login e password; l'attività del corsista al suo interno è facilmente monitorata.

Comunicazione orizzontale ➡

In un *news group* i messaggi sono letti da tutti gli utenti e i partecipanti possono scegliere se leggerli direttamente dalla rete, dove rimane tutta la cronistoria dei messaggi, o farli arrivare sulla propria casella di posta elettronica e dunque leggerli dal momento in cui ci si iscrive. La comunicazione è orizzontale e segue una successione cronologica, non ci sono ruoli o differenze tra chi eroga informazione e chi la riceve. La presenza o meno di un moderatore permette di distinguere i gruppi in due tipologie:

Gruppi moderati e non moderati ➡

1. I gruppi di discussioni **non moderati**, in cui chiunque può intervenire, senza uno schema prestabilito. Spesso caotici, ma utili come catalizzatori di socializzazione, come strumenti di fidelizzazione dell'utente ad un gruppo o come spazi per familiarizzare con le nuove tecnologie.
2. I gruppi di discussione **con un moderatore** che può avere un ruolo più o meno attivo:
   - di animatore, proponendo e incoraggiando le discussioni, promuovendo lo sviluppo del gruppo con messaggi di propaganda;
   - di sostegno, soprattutto quando già c'è un interesse in comune o un legame tra i partecipanti molto forte;
   - di mediatore, filtrando i messaggi e scegliendo di diffondere solo argomenti attinenti alla discussione ed evitare fenomeni di digressione;
   - di conduttore, fornendo direttive e dettando regole da rispettare,
   - più semplicemente di amministrazione, accettan-

do e gestendo le nuove iscrizioni e inviando informazioni utili al gruppo.

In ogni caso c'è sempre una *netiquette* da rispettare, quella stessa che vale per ogni comunicazione online. A questa si possono aggiungere nuove regole dettate dal moderatore e rese note all'utente al momento dell'iscrizione. Altre volte, è stessa la comunità che decide di darsi delle regole condivise.

⬅ *Netiquette*

3.4.2 Chat

La chat è un altro strumento comunicativo informatico a disposizione di una comunità di apprendimento, di tipo sincrono. Una sessione di chat, infatti, è «un ambiente in cui più utenti contemporaneamente possono interagire nell'ambito di una discussione» (Trentin 1998). Letteralmente il termine chat significa "chiacchierata" e nasce come luogo di svago e disimpegno. Col tempo si è intuito che anche questo strumento di comunicazione poteva essere un valido supporto alla didattica e alla formazione, dando importanza e valore ad uno degli elementi più importanti all'interno di un processo di apprendimento: l'istantaneità e l'immediatezza del messaggio. Tuttavia per evitare che diventi una perdita di tempo è necessario che sia ben organizzata e gestita secondo le esigenze del gruppo di lavoro e rispondente agli obiettivi formativi. Inoltre, se ben strutturata e inserita in un percorso di apprendimento, di conoscenze o competenze, il suo utilizzo, la tecnica e la metodologia applicata varia leggermente a seconda di chi la usa, se un gruppo scolastico, universitario o lavoratori.

⬅ *Chat a supporto della didattica*

Una premessa indispensabile a tale discorso è il cambiamento subito dalla comunicazione, ormai "naturalizzata", via internet. Parlare in chat, per utenti abituati a lavorare con le nuove tecnologie, è naturale quanto parlare al telefono con l'aggiunta di alcuni elementi e la perdita di altri, che vedremo in dettaglio. Inoltre l'interazione può essere mediata dalla sola scrittura o calata in un contesto visivo, anche tridimensionale, ovvero ambientata in un mondo virtuale. Mentre il primo caso trova maggiore sviluppo nel mondo accademico o aziendale, il secondo può essere molto utile nel campo scolastico in cui all'interno di un ambiente ludico, lo studente impara divertendosi,

⬅ *Parlare in chat in modo "naturale"*

Come presentarsi in chat ➡ acquisendo dei ruoli o una missione da svolgere. Ogni utente può presentarsi in modo anonimo, con un soprannome (*nickname*) nella chat testuale o costruendosi un personaggio immaginario (*avatar*) in quella virtuale, oppure può scegliere di identificarsi e presentarsi per quello che è. Entrambe le modalità possono essere utili al processo didattico.

Chat anonime ➡ Le **chat anonime** sono ambienti utili per la socializzazione, la familiarizzazione tecnologica e lo scambio libero di idee, una sorta di "voci da corridoio virtuale" o il momento di incontro durante la ricreazione a scuola, tra un corso e l'altro all'università o al bar dell'azienda. Non hanno un'utilità per l'apprendimento in se stesso, ma piuttosto per stringere legami tra tutti i componenti della comunità, quelli che non si vedono abitualmente e quelli che già si conoscono, istaurando un maggiore e diverso affiatamento. Un tale contesto, inoltre, aiuta ad acquisire dimestichezza con gli strumenti informatici, essendo i partecipanti più invogliati e incuriositi a esplorarne le potenzialità anche dal punto di vista tecnico: inserire nuovi *smile*, inviare file come allegati, video o audio compressi nel modo giusto, e altre operazioni del genere, insegnano più di qualsiasi lezione teorica. Soprattutto lo studente di scuola, in questo modo, "impara facendo".

Chat per la didattica ➡ La **chat non anonima**, invece, ha scopi didattici, di apprendimento e, per una buona riuscita, deve necessariamente seguire delle regole ed essere ben gestita da un docente o un tutor, qualificati per questo tipo di attività. Più di ogni altro strumento, nella chat didattica non si può pensare di organizzare e preparare una conversazione come se fosse in presenza. Piuttosto, riprendendo uno schema ben fatto dal gruppo di lavoro E-L/KM su «la *community* e gli strumenti», l'utilizzo di una chat con scopi didattici prevede dei vincoli precisi:
- numero di partecipanti limitato;
- obiettivo didattico predeterminato;
- definizione a priori della tempistica;
- regole di partecipazione condivise ma non troppo rigide per non limitare il flusso creativo;
- gestione da parte del docente o del tutor in tre momenti:
  1. accoglienza
  2. sviluppo del tema
  3. conclusioni e assegnazione di un compito.

Inoltre, la chat didattica deve essere preparata in tutti i suoi momenti; in particolare possiamo individuarne alcuni:

← *Preparazione dettagliata*

- preparazione di una scheda di presentazione dell'evento online, materiali di approfondimento già predisposti e altri contenenti stimoli a una ulteriore ricerca personale;
- assegnazione del compito, che permette ai discenti di produrre un contributo personale che va a incrementare i materiali inerenti l'argomento trattato e genera un meccanismo di costruzione e ampliamento della comunità.

L'obiettivo è affrontare e approfondire un argomento monografico, magari già trattato in precedenza, durante incontri in presenza, facendo sperimentare la metodologia della didattica applicata. Ciò consente:

← *Chat per approfondire gli argomenti trattati*

- la condivisione in tempo reale di informazioni e opinioni da parte di tutti i partecipanti alla conversazione e, se il programma di chat lo consente, anche lo scambio di file, sotto forma di allegati;
- la possibilità di poter navigare in modo costruttivo, visitando siti web inerenti all'argomento di discussione, sotto la guida del tutor;
- la possibilità di avviare una discussione in tempo reale su un determinato argomento studiato in precedenza da tutto il gruppo, per cui ognuno ha preparato un intervento, generando una serie di considerazioni, osservazioni e talvolta opinioni contrastanti, utili allo sviluppo e maturazione in ciascuno di un consapevole e personale punto di vista sull'argomento trattato;
- l'incontro con esperti del settore, anche se lontani fisicamente.

In questo ultimo caso sarebbe ancora più utile e didatticamente costruttivo che il gruppo di discenti si riunisca, fisicamente presente in un unico ambiente, per "chattare" con l'esperto a distanza. In tal modo il confronto immediato di idee che avviene in presenza tra i corsisti, e sotto la guida del docente o tutor, può stimolare una discussione vivace, dinamica e proficua. Altrimenti l'essere isolati potrebbe inibire il singolo di fronte alla persona autorevole, e facilmente la chat diventerebbe un monologo da parte dell'esperto, con pochi interlocutori e brevi interventi significativi.

← *Riunirsi per "chattare"*

Vi sono altre possibilità di utilizzo di una sessione di chat.

Chat per chiarire i dubbi → Può essere sfruttata come richiesta di chiarimenti da parte dei discenti: in seguito allo studio del modulo didattico, per esempio, un corsista può richiedere un appuntamento in chat al docente o al tutor per eventuali chiarimenti o richieste più specifiche. Altri corsisti potrebbero assistere per un arricchimento culturale o partecipare alla discussione se lo ritengono opportuno. In questo caso la chat si configura come momento di approfondimento individuale, che sostituisce il vecchio appuntamento col docente nell'orario di ricevimento, col grosso vantaggio che entrambi gli interlocutori dialogano a distanza e soprattutto consente anche ad altri di assistere, pur non essendo simultaneamente presenti.

Chat "aziendale" per assistenza tecnica → In ambito aziendale la chat è anche usata come spazio per l'aiuto e l'assistenza tecnica in tempo reale. Molte aziende, infatti, già oggi offrono servizi di aiuto e consulenza online, un chiaro esempio di come tale strumento abbia sostituito il telefono. Tale schema potrebbe essere trasferito anche al mondo accademico, per un supporto tecnico-informatico, soprattutto nella fase iniziale di un processo e-learning, per consentire un facile adattamento al nuovo ambiente di apprendimento o per i corsisti che hanno poca dimestichezza con gli strumenti informatici.

Cambiamenti del linguaggio → Infine, un aspetto da non sottovalutare è quello linguistico. L'impossibilità di esprimersi attraverso il tono della voce, lo sguardo, l'atteggiamento, ha spinto il popolo della rete a sperimentare nuove forme di scrittura, rispetto alla tradizionale forma epistolare. Il linguaggio è informale, immediato, veloce, accompagnato da simboli (*smile*, *emoticons*), che esprimono lo stato d'animo e chiariscono l'interpretazione del messaggio. Uno dei limiti della chat, infatti, è che facilmente si fraintende ciò che l'altro vuole dire. Non ha importanza cosa si vuole dire, ma ciò che l'interlocutore interpreta e capisce. Dunque, è importante evitare alcuni atteggiamenti e adottare degli accorgimenti:

- non essere ambivalenti, ma il più possibili chiari e diretti;
- non essere aggressivi o autoritari, ma usare espressioni cordiali e rispettose;
- non fermare la fluidità del discorso con lunghe

pause, potrebbe essere male interpretato. È preferibile piuttosto inviare brevi, ma continue frasi.

Altri fattori spesso presenti, che accompagnano soprattutto la fase iniziale e attraggono gli utenti a utilizzare una chat sono un forte coinvolgimento, uno humor più accentuato e una forte curiosità verso uno strumento tutto sommato nuovo e per lo più considerato disimpegnato e lontano dagli ambiti formativi e lavorativi.

3.4.3 Forum

Il forum online è uno strumento di comunicazione asincrona; esso, cioè, non impone agli attori della discussione di essere contemporaneamente presenti lasciando, invece, piena libertà di tempi e modi della partecipazione. *← Funzionamento del forum*

L'utente che intende aprire il discorso può farlo attraverso la pubblicazione in uno spazio comune di un intervento (*post*) su un determinato argomento (*topic*), al quale possono seguire le risposte degli altri partecipanti (*reply*); la catena di messaggi che viene in tal modo a formarsi intorno al nucleo originario rappresenta con esso il cosiddetto "*thread*" (in genere abbreviato in *3d*).

I forum possono nascere sulla base di uno specifico argomento e sono, pertanto, frequentati da persone che si ritrovano a discutere su temi di interesse comune. Essi, però, possono finire col diventare il luogo di nascita di vere e proprie comunità virtuali, nelle quali vengono intessuti rapporti che vanno al di là della comunanza di interessi e passioni e in cui trovano spazio amicizie e richieste di aiuto e sostegno. Proprio per questo motivo, essi si danno regole ben precise che devono essere osservate da tutti i partecipanti, al fine di conservare e consolidare l'equilibrio stesso della comunità. A tale scopo, viene designato un moderatore, che assume il preciso compito di controllare che tutti osservino un comportamento adeguato, tale da non turbare in alcun modo l'andamento delle discussioni; tutto ciò assicura a chiunque voglia partecipare la piena libertà di espressione, sempre nel rispetto dell'altro. Per queste sue caratteristiche peculiari anche il forum può essere utilizzato come valido strumento *← Caratteristiche*

← Forum come strumento per la didattica

didattico nei percorsi di formazione in rete; più in generale, possiamo dire che è proprio la modalità di comunicazione asincrona a risultare maggiormente efficace e produttiva all'interno di un processo didattico che utilizzi le nuove tecnologie.

L'abbattimento dei vincoli spazio-temporali, infatti, consente la comunicazione tra interlocutori distanti senza problemi relativi all'orario, che, invece, rappresenta solitamente il principale limite della comunicazione sincrona. I discenti possono, in tal modo, decidere in piena autonomia tempi e modi per lo studio del materiale didattico, del prelevamento dei messaggi, delle risposte alle questioni sollevate.

"Comunità di apprendimento" →

Il forum, inoltre, offre l'opportunità di una riflessione accurata sul contenuto che si intende comunicare, vista la possibilità di modificare più volte il messaggio prima di renderlo effettivamente pubblico; parimenti, garantisce una approfondita e accurata riflessione sugli interventi ai quali si desidera replicare, data l'opportunità di rileggerli più volte. All'interno dello spazio virtuale di un forum di discussione docente, tutor e discenti inseriscono i loro interventi in merito ad una questione sollevata; tutti possono partecipare esprimendosi liberamente, secondo i tempi e i modi a ciascuno più congeniali, con la garanzia della visibilità dei propri messaggi. Proprio grazie a queste caratteristiche si alimenta la nascita di una "comunità di apprendimento", nella quale viene superato il modello erogativo di trasmissione del sapere.

Il docente non svolge più la sua funzione educativa "dall'alto", con un atteggiamento "cattedratico" che lascia poco spazio all'attività degli allievi, ma partecipa alla vita della comunità come un membro tra gli altri; a differenza dell'aula, non è necessariamente lui ad iniziare e animare le discussioni, ma partecipa ad esse da interlocutore alla pari.

Apprendimento attivo e collaborativo →

In definitiva, attraverso l'utilizzo del forum, risulta agevolato il perseguimento di una costruzione collaborativa e attiva delle conoscenze, oltre ad una accentuazione della dimensione relazionale che viene alimentata dallo scambio e dal confronto continuo; tale dimensione contribuisce in maniera determinante non solo al miglioramento del gruppo nel suo complesso, ma anche a quello dei singoli studenti che realizzano al meglio le proprie potenzialità grazie alla collaborazione con gli altri.

3.5 Conseguenze sull'apprendimento e sull'insegnamento

L'e-learning e la metodologia connessa spesso spaventano docenti e studenti che per la prima volta si avvicinano agli strumenti informatici, tanto da renderli diffidenti o addirittura riottosi. Tuttavia non si può ormai sottovalutare il processo di cambiamento in atto, di pari peso a quello gutemberghiano della stampa, che indusse mutamenti profondi e che coinvolse scrittori e lettori. Oggi assistiamo, infatti, ad un passaggio dall'apprendimento tradizionale, attraverso il rapporto con il docente, all'auto-apprendimento con le tecnologie multimediali, aperto ad una comunicazione non più basata sulla parola, sul libro e su rapporto diretto col docente, bensì sull'integrazione di diversi linguaggi e sul interazione con diversi soggetti.

⬅ *Come cambia l'apprendimento*

Le implicazioni di queste trasformazioni sono molte.

L'apprendimento è potenziato dalla pratica della cooperazione e dell'interazione, lo studente si abitua alla condivisione dei saperi attraverso una comunicazione formale o informale, sincrona e asincrona. In tal modo si assiste più facilmente al raggiungimento di un livello di conoscenza più profonda e più consapevole da parte dello studente che si sente coinvolto nel processo formativo, avendo anche la possibilità di personalizzarlo.

⬅ *Importanza della cooperazione e della interazione*

Notevoli ricadute si hanno anche sull'insegnamento, con la costituzione di una comunità di studio caratterizzata non da una comunicazione verticale e unidirezionale, dal docente verso gli studenti, ma da un'interazione e cooperazione tra docenti e discenti. Una tale impostazione, dunque, favorisce il conseguimento di un nuovo livello di ottimizzazione dei processi formativi, guadagnandoci in efficienza ed efficacia.

Infine non va dimenticato l'aspetto della valutazione, che in un processo informatizzato diventa totalmente oggettiva e più semplice da gestire. I criteri di valutazione possono essere applicati:

⬅ *Valutazione: più semplice ed oggettiva*

- alla capacità di apprendimento, attraverso esercitazioni in itinere di tipo formativo e test di valutazione o questionari alla fine del percorso formativo;
- al livello di partecipazione, attraverso per esempio l'analisi degli interventi nel forum secondo i *threads* e i singoli messaggi. Per questi ultimi, occorre discu-

tere dei parametri di qualità, che potrebbero essere:
> la congruenza formale
> l'appropriatezza
> la conoscenza (contenuto)
> il contributo dell'interazione
> la tempestività;
- la capacità di relazionarsi con gli altri, apprendendo in un contesto nuovo ed aperto diverso dallo studio individualistico e tradizionale.

Molto interessante è la griglia di descrittori proposta da Guglielmo Trentin (Trentin, 1998) da utilizzare per la valutazione di alcuni fattori con riferimento ad ogni studente (Tabella 1).

Tabella 1. Descrittori per la valutazione del singolo studente

Comportamento
sa utilizzare gli strumenti di rete
sa utilizzare la rete per reperire le informazioni
sa rielaborare il materiale raccolto
sa organizzare il lavoro in rete
collabora in maniera attiva all'interno del gruppo
rispetta tempi e consegne

Capacità
sa produrre e comunicare in rete testi chiari e corretti
sa organizzare il materiale per il lavoro proposto
sa utilizzare il materiale raccolto in rete
sa rielaborare testi interagendo in rete
sa valutare il lavoro svolto e ne riconosce i limiti
mostra consapevolezza del lavoro nei gruppi virtuali

Produzione
ottima
buona
sufficiente
accettabile
insufficiente

Monitoraggio ➔ *delle attività*

L'attività di controllo e monitoraggio in un attività a distanza è facilitata dagli strumenti tecnologici. Per poter partecipare alle attività online lo studente deve necessariamente iscriversi al corso, compilare dunque un modulo, inserendo i propri dati e scegliendo una *login* e una *password*, indispensabili per l'identificazione e l'autorizzazione ad accedere al sistema. Una volta entrati in piattaforma ogni movimento dello studente è registrato e ogni suo intervento pubblico (nel forum o nelle attività proposte) notificato all'intera comunità, attraverso una *mailing list* interna. In genere gli studenti, informati di tale sistema, si mostrano spaventati, temendo di essere sempre sotto giudizio, e in un certo senso turbati dal continuo controllo, ma dopo l'iniziale e comprensibile timore, e rassicurati che tale sistema consente al docente di correggere in itinere eventuali errori sia riguardo la condotta del gruppo di lavoro sia riguardo il percorso di studio di ogni singolo studente, scompare ogni forma di inibizione e cominciano a partecipare dimenticando il controllo effettuato.

L'intera attività online, dunque, è tracciata dal sistema informatico. Una sezione della piattaforma è interamente dedicata a tale controllo che viene effettuato da un lato in modo trasversale, individuando, sezione per sezione, il numero di visite e fornendo qualche dato su tali visite; dall'altro in modo più specifico, verificando gli ingressi al sistema, segnalando per ciascuno la sezione visitata e la modalità, se ha svolto un'attività e in che modo, corretto o sbagliato. In base al monitoraggio ogni studente automaticamente è associato a un profilo, che può essere consultato da tutti i docenti e dall'interessato, che si sente spronato e stimolato proprio perché ha la possibilità di avere un riscontro della propria attività.

← *Definizione dei "profili" degli studenti*

Un corso e-learning mette in pratica una precisa pianificazione. È necessaria, dunque, un'azione programmata e un controllo in itinere che miri al miglioramento delle strategie adottate ed eventualmente alla riorganizzazione delle attività con l'inevitabile riadattamento degli obiettivi. È chiaro che il punto di partenza deve essere un piano di riferimento, un'architettura ben precisa, rispondente a criteri e obiettivi definiti. Tuttavia in corso d'opera, grazie all'attività di controllo svolta dai docenti e tutor e grazie ai test di autovalutazione somministrati ai corsisti, bisogna essere sempre pronti a intervenire per modificare e, se necessario, stravolgere l'iniziale organizzazione. L'imprevisto deve essere interpretato come l'occasione per una trasformazione e un miglioramento.

← *Pianificazione con possibilità di riorganizzazione e riadattamento degli obiettivi*

Capitolo 4

Diritto d'autore in rete

Silvia Selvaggi

4.1 Normative nazionali e internazionali

Il diritto d'autore è un concetto che si sviluppa in età moderna. Con la nascita della stampa, infatti, si avverte la necessità di tutelare editori e autori. Tuttavia bisognerà aspettare il '700 per vedere le prime normative. Pioniera fu l'Inghilterra, dove la regina Anna emanò un editto per tutelare le opere pubblicate «al fine di promuovere il progresso». Seguirono la legge federale statunitense nel 1790 e le leggi francesi nel 1791 e nel 1793 che, invece, davano maggior rilievo al concetto di creatività, racchiudendo «la concezione giusnaturalistica o, forse, più semplicemente la visione inguaribilmente romantica del diritto d'autore accolta in seno alla tradizione continentale europea: chi crea ha diritto – per il solo fatto di aver creato – di vedersi riconosciuto una serie di tutele» (Sirotti Gaudenzi, 2003). Di qui una prima distinzione: mentre nei paesi Anglosassoni il *copyright* si è formato su un concetto utilitaristico, in base al quale i diritti sono riconosciuti a condizioni che venga promossa l'economia del paese, nell'Europa continentale, invece, si sono sviluppate le leggi, nate dalla Francia rivoluzionaria, che tutelano la creatività e la proprietà intellettuale a prescindere dall'utilità. In particolare in Italia i primi passi furono compiuti alla fine del '700: un primo decreto fu emanato nel 1799 dal governo rivoluzionario piemontese; poco dopo, nel 1801 fu promulgata una legge dalla

← *Diritto d'autore*

← *"Cammino" della legge*

Repubblica Cisalpina, e nel 1865 un'altra emanata dal Regno d'Italia, inserita poi nel Testo Unico nel 1881 (D'Ammassa e Bellantoni, 2004). Tuttavia per una prima regolamentazione in materia bisognerà aspettare la legge 633 del 22 aprile 1941, che disciplina le opere intellettuali privilegiando la "creatività" e la peculiarità dell'opera. La normativa, infatti, tutela le opere dell'ingegno umano che hanno un carattere "originale", distinguendosi da quelle preesistenti grazie all'apporto personale dell'autore. La legge 633 è stato a lungo un testo incontrastato, ma con la diffusione delle nuove tecnologie risultò inadeguata, in quanto – come vedremo – era limitata dal principio di territorialità, concetto, invece, del tutto reso nullo da internet. I prodotti *off line* (libri, software, file musicali, ecc.) difficilmente sono tutelabili sul web, dal momento che il reperimento e la diffusione di tali materiali può avvenire facilmente nel pieno anonimato e anche a basso costo, senza alcuna possibilità di controllo. Dunque, alla luce di tali cambiamenti, si è sentita l'esigenza di apportare modifiche alle normative esistenti al fine di adeguare le norme internazionali sul diritto d'autore al nuovo scenario offerto dagli strumenti informatici. In tale contesto prolificano dibattiti e documenti da parte di studiosi e tecnici; risultato fu la Direttiva 2001/29/CE emanata dal Parlamento Europeo per rendere aggiornata e applicabile a livello internazionale la normativa sull'*e-copyright*, che esamineremo in dettaglio nei paragrafi successivi. In particolare in Italia la legge 633 fu ripresa e modificata dal decreto legislativo del 9 aprile 2003 n. 68 con lo scopo di arginare la diffusione incontrollata di opere protette dal diritto d'autore[1].

Convenzione di Berna ➜ Una veloce analisi di cosa accadeva a livello internazionale può completare il quadro d'insieme: una delle fonti più antiche è la *Convenzione di Berna per la protezione delle opere letterarie e artistiche* del 9 settembre 1886[2]. Attualmente a tale Convenzione aderiscono circa un centinaio di Stati e le opere appartenenti ad uno degli Stati aderenti a tale Convenzione godono

---

[1] Ulteriori modifiche furono introdotte dal testo del decreto-legge 22 marzo 2004, n. 72, coordinato con la legge di conversione 21 maggio 2004, n. 128.

negli altri Stati dei diritti che le leggi accordano ai propri cittadini. Uno degli aspetti più importanti di tale Convenzione è l'esenzione a favore dell'Autore di qualsiasi formalità (deposito o registrazione) in quanto la tutela è automatica dalla creazione dell'opera.

Il 6 settembre 1952 a Ginevra fu firmata la *Convenzione Universale per il diritto d'autore*, revisionata nel 1971 e trasformata in legge italiana il 16 maggio 1977, n. 306 ed entrata in vigore il 25 gennaio 1980. Negli stessi anni, il 14 luglio 1967 a Stoccolma nasce l'Organizzazione Mondiale della Proprietà Intellettuale (OMPI), firmata da 181 Stati: Le Parti Contraenti – si legge nella Convenzione istitutiva - animate dal desiderio di contribuire a una migliore comprensione e collaborazione tra gli Stati, nel loro interesse reciproco e nel rispetto della loro sovranità ed eguaglianza, desiderose, per incoraggiare l'attività creativa, di promuovere la protezione della proprietà intellettuale nel mondo, desiderose d'ammodernare e rendere più funzionale l'amministrazione delle Unioni istituite nei campi della protezione industriale e della protezione delle opere letterarie e artistiche, pur rispettando pienamente l'autonomia di ciascuna di queste Unioni» hanno stipulato questo documento per poter procedere in accordo e in maniera univoca sulla questione del diritto di autore e la proprietà intellettuale, cercando di tutelare la creatività da un lato e la diffusione della cultura dall'altro, anche nei Paesi in via di sviluppo. Col tempo, infatti, l'OMPI diventa una delle agenzie specializzate delle Nazioni Unite, sulla base di un accordo che le attribuisce espressamente l'incarico di «intraprendere le azioni appropriate per promuovere l'attività intellettuale creativa» e di facilitare «il trasferimento di tecnologia ai Paesi in via di sviluppo, al fine di accelerarne lo sviluppo economico, sociale e culturale».

← *Convenzione di Ginevra*

← *Organizzazione Mondiale della Proprietà Intellettuale*

Obiettivo di tutte le norme finora citate è, fondamentalmente, proteggere i diritti degli autori sulle proprie "opere letterarie e artistiche". Con tale espressio-

---

[2] Completata a Parigi il 4 maggio 1896, riveduta a Berlino il 13 novembre 1908, completata a Berna il 20 marzo 1914 e riveduta a Roma il 2 giugno 1928, a Bruxelles il 26 giugno 1948, a Stoccolma il 14 luglio 1967 e a Parigi il 24 luglio 1971.

ne si intende «tutte le produzioni nel campo letterario, scientifico e artistico, qualunque ne sia il modo o la forma di espressione»[3]. È necessario, inoltre, che l'opera sia realizzata; la semplice idea, infatti, senza la sua concretizzazione, non assicura la tutela giuridica; l'ideatore, deve necessariamente trasformarsi in autore.

4.2 Società dell'informazione: obiettivi e servizi

Come si legge nel Dizionario dell'Unione Europea, la società dell'informazione è un «programma comunitario volto a incentivare la realizzazione di una società basata sulle nuove tecnologie dell'informazione e della comunicazione» (A.A.V.V., 2000). In tale contesto si pone il programma comunitario pluriennale adottato dal Consiglio Europeo, il 30 marzo 1998, con lo scopo di rendere consapevole la società delle nuove possibilità offerte dalle tecnologie. Il programma prevedeva il raggiungimento di determinati obiettivi e l'erogazione di servizi.

Riprendendo un'analisi fatta da Andrea Sirotti Gaudenzi (2001), gli obiettivi possono essere sintetizzati in:
- «una maggiore sensibilizzazione dell'opinione pubblica, di fronte al potenziale impatto della società dell'informazione e delle nuove applicazioni che essa introduce in tutta Europa, stimolando la motivazione e la capacità delle persone a partecipare all'evoluzione verso la società dell'informazione;
- un'azione di orientamento al fine di poter «sfruttare in modo ottimale i benefici socioeconomici della società dell'informazione in Europa, mediante l'analisi degli aspetti tecnici, economici, sociali e regolamentari», valutando ogni aspetto a riguardo;
- migliorare il ruolo e la visibilità dell'Europa nel contesto della dimensione globale della società dell'informazione».

---

[3] Convenzione di Berna, art. 2.

Riguardo ai servizi, si intende qualsiasi tipo di servizio offerto a distanza o anche con l'ausilio degli strumenti informatici, dalla didattica online (e-learning) all'amministrazione elettronica (*e-government*), dai servizi per la condivisione di idee e risorse al commercio elettronico; così come rientra tra i servizi la possibilità massiccia di accedere senza grosse difficoltà ed eccessivi costi alla banda larga (maggiore quantità di dati veicolati da cavi ad alta velocità: fibra ottica, **ADSL**, ISDN).

← *Libero scambio di dati*

La società dell'informazione, dunque, si basa sul libero scambio di dati e sullo sviluppo delle informazioni, con la conseguente circolazione, spesso indiscriminata e incontrollata, di scritti, immagini o software. In tale contesto, in cui non trova spazio il principio di territorialità, ma al contrario diventa estremamente facile comunicare e condividere risorse al di là di ogni confine, si pone con forza il problema della tutela della proprietà intellettuale e del diritto d'autore. Non bastano le norme vigenti nate e pensate per la stampa, caratterizzate dalle esigenze specifiche del Paese in cui deve essere applicata la legge. Diventa doveroso per i giuristi trovare soluzioni più appropriate al fine di tutelare ogni diritto minacciato.

4.3 Innovazioni tecnologiche e nuove esigenze giuridiche

L'uso delle tecnologie informatiche, favorendo lo scambio e la diffusione di ogni tipo di informazione, ha dato una nuova connotazione alle reti telematiche, non più considerate semplice veicolo di comunicazione, bensì una sorta di mercato libero, e per certi aspetti senza regole, in cui è possibile produrre, scambiare e usufruire prodotti di ogni genere, rompendo la catena che tradizionalmente andava dal produttore al consumatore, attraverso la distribuzione fisica. Le nuove tecnologie, dunque, contengono in sé un elemento di liberazione, che permette di comunicare da un lato all'altro del globo, in pochi secondi, contenuti di ogni tipo. In tale contesto sono sorti nuovi problemi che vedono il passaggio dalla logica del prodotto distribuito su supporto

← *Rete come "mercato"*

← *Servizi accessibili in Rete*

fisico al servizio accessibile in rete. Tuttavia tali problematiche ancora non hanno trovato una precisa e definitiva soluzione; l'oggetto del problema è definito, la sua analisi si sta svolgendo tra dibattiti e controversie, ma la risoluzione sembra ancora lontana.

Diritto alla libera circolazione delle conoscenze → Milioni di utenti da un lato e l'industria dall'altro hanno scoperto il cyberspazio, ciascuno secondo la propria prospettiva e convinzione, cercando di strutturarlo nello spazio reale. I primi vedono in internet la possibilità di acquisire facilmente e senza troppe barriere – fisiche ed economiche – i mezzi per accrescere il proprio bagaglio culturale, vantando il "diritto del fruitore", inteso non in antitesi ma come contrappeso al diritto d'autore e ai diritti connessi; i protagonisti dell'industria e del mercato, invece, vedendo stravolgere l'abituale sistema produttivo, si adoperano per capire come adattare la nuova realtà alle leggi dell'economia. Di qui la manifestazione di posizioni e principi nettamente separati e di difficile conciliazione: la difesa del diritto alla libera circolazione delle conoscenze senza per questo negare i diritti degli autori; la libertà di espressione e il diritto di accesso ai contenuti; la tutela della proprietà intellettuale. Insomma si prospetta, nei migliori dei casi, una lotta tesa a proteggere il mercato senza però calpestare il valore di creatività, libertà e democrazia.

Diritto alla tutela della proprietà intellettuale → Va tuttavia messo in evidenza che non sempre le idee risultano chiare, piuttosto si tende a fare confusione e spesso si mescolano i principi dominanti e infervoranti di libertà e democrazia e le leggi vigenti, legate a un contesto tradizionale, che esclude ogni riferimento alla nuova cornice tecnologica. Tale confusione non solo non è produttiva ai fini di una soluzione che possa accontentare entrambe le parti, ma addirittura talvolta è manipolata e strumentalizzata dalla lobby dell'industria, dell'editoria elettronica, del software, dei produttori discografici e dell'audiovisivo. Questi, infatti, rendendosi conto che internet e le reti telematiche hanno, in maniera del tutto naturale e spontanea, innalzato un nuovo sistema che rende superflua tutta la struttura di distribuzione oggi esistente in ogni campo - da quello discografico, cinematografico e audiovisivo a quello editoriale didattico-scientifico e commerciale - e vedendo cadere le condizioni basilari di produzione e di recupero degli investimenti, si preoccupano di trovare immediate soluzioni, privilegiando le misure tecnologiche di protezione, senza però risolvere il problema alla sua radice, in quanto qualsiasi misura protettiva pensata per le reti informatiche è in breve tempo resa inefficace dall'evoluzione stessa delle moderne tecnologie. Così facendo, inoltre, dimostrano di voler tutelare unicamente i propri interessi economici, e non certo i diritti degli autori, calpestando allo stesso tempo la libertà e il diritto di accesso ai contenuti.

Diventa, dunque, indispensabile e prioritario chiarire alcuni concetti basilari e far emergere con piena consapevolezza alcune posizioni legittime, al fine di trovare il giusto equilibrio tra gli interessi delle tre categorie in gioco:

⬅ *Salvaguardia degli interessi di tutti*

1. gli interessi economici delle aziende produttrici;
2. il diritto di accesso ai contenuti a favore della massa di consumatori;
3. la tutela della proprietà intellettuale e dei diritti degli autori.

4.4 Architettura del cyberspazio: originaria neutralità della rete

Richiamando alcuni studi di Lawrence Lessig, giurista di fama internazionale ed esperto degli aspetti giuridici della tutela e della condivisione della conoscenza in rete, è bene soffermarsi sulla rivoluzione che internet e, più in generale, le nuove tecnologie hanno apportato sul modo di vivere di milioni di utenti. Premesso che tali studi portati alle estreme conseguenze avrebbero potuto avere effetti negativi sullo sviluppo civile e intellettuale dell'umanità, Lessig, invece, fa emergere con estrema chiarezza il valore originario e neutrale della rete e i motivi della sua attuale trasformazione, mettendo in evidenza il fatto che essa, nata in un contesto libero, svincolato da ogni norma, regola o comportamento, ha stravolto la tradizionale impostazione del vivere umano, abituato da sempre a porre regole ben definite e a limitare i margini di libertà per meglio assicurare il bene comune, secondo la visione dell'uomo contemporaneo.

⬅ *Cambiamenti apportati da Internet*

Caratteristiche del cyberspazio →   Internet, o per dirla con Lessig, il *cyberspazio* (Lessig, 1999) - così come ogni spazio reale – ha una propria «architettura», con caratteristiche specifiche, che influiscono sul suo uso e regolano il comportamento di chi agisce. Nello spazio reale, infatti, la predisposizione e l'organizzazione fisica degli oggetti determina il comportamento umano e gli avvenimenti di una comunità. Un esempio assai caro allo stesso autore è quello della costruzione dei ponti autostradali progettati da Robert Moses lungo le spiagge di Long Island, pensati in modo da poter essere percorsi solo da automobili, escludendo in tal modo autobus e altri mezzi pesanti, usati prevalentemente dagli afroamericani, e di fatto permettendo quasi esclusivamente ai bianchi di raggiungere le spiagge pubbliche. Dunque barriere invisibili, ma evidenti, hanno condizionato il comportamento di quella popolazione, lo sviluppo di quella civiltà. Allo stesso modo, e per certi aspetti anche in maniera più determinante, l'architettura della rete ha avuto, e continua ad avere, ripercussioni su comportamenti e avvenimenti. Originariamente il cyberspazio nasce con un'architettura estremamente libera e flessibile, come un insieme di codici, all'interno dei quali era possibile inserire qualsiasi tipo di applicazione, richiamandosi al principio «*end-to-end*» (Saltzer, Reed, Clark, 1991), secondo cui l'intelligenza non è nella rete, ma alle sue estremità. Dunque era possibile effettuare qualsiasi operazione, dal momento che la rete non era in grado di "fare discriminazioni", decidere quali tipi di applicazioni far girare e quali invece limitare.

Struttura senza regole? →   Va da sé che in una tale struttura non vi poteva essere alcun controllo né da parte di leggi governative né da parte di singoli individui, e non per scelta politica, semplicemente non era ancora stato pensato e codificato un sistema di protezione. Il disegno originario era quello di favorire la libera circolazione di idee e contenuti, senza alcuna supervisione, dando la possibilità a chiunque di agire senza essere osservato e identificato, nel pieno rispetto della privacy e della libertà personale. Tale impostazione certamente ha avuto effetti positivi sull'innovazione, garantendo sviluppo e produttiva

Uno spazio "libero"... →   competizione; «uno spazio libero, un bene comune, il quale ha permesso la più grande rivoluzione mai vista nella creatività» (Lessig, 1999). Ma proprio la preoccupazione di un'eccessiva libertà e soprattutto la considerazione che questo nuovo mondo sostanzialmente sfuggiva a ogni tipo di regolamentazione e controllo, ha condotto molti governi locali e le grandi industrie dell'economia a cercare di porre un freno. Il commercio e il mercato respingono il "non regolamentato". Tali soluzioni mirano, infatti, all'identificazione di chiunque entri in rete, rendendo di fatto possibile la regolamentazione con leggi restrittive. Tutto ciò, naturalmente, cambierà – come già sta avvenendo – il carattere della rete originaria «da libertaria a qualcos'altro». Come spesso accade nello spazio reale, già cominciano a prevalere le regole locali dei governi più forti a discapito delle libertà minoritarie. Questa la direzione verso cui stanno andando gli Stati Uniti, frenando ogni iniziativa in senso opposto anche al di fuori dei propri confini territoriali. Esempio di tale imposizione è stato il caso di un sito web canadese, *iCraveTv*, che sebbene lecito nel proprio Paese, è stato chiuso perché ledeva i principi del copyright americano[4].

...risulta "pericoloso"

Ispirandosi agli stessi principi restrittivi, alcune grandi case di software e di produzione di contenuti hanno sviluppato una nuova tecnologia, il *trusted computing*, in grado di dotare ogni software, ogni contenuto multimediale, ogni documento, e persino le e-mail, di una chiave che permette solo al legittimo destinatario, quello cioè designato dal mittente, di utilizzare il contenuto in questione, e per un determinato periodo di tempo, anche questo stabilito dal mittente. Questo da un lato, cioè se considerato nell'ottica della privacy, ha un valore positivo - nessuno per esempio potrà leggere la posta se non il destinatario -, dall'altro appare come un tentativo di controllo sui contenuti, che ne assegna una sorta di esclusività, cercando di stabilire a priori chi deve usufruirne e in che modo, evitando che ci sia una diffusione incontrollata dei saperi. Questo sistema, dunque, punta a stabilire gradualità e tipologie di diritti (di lettura, di copia, di diffusione, ecc.), ma è evidente che tale impalcatura rischia di diventa-

---

[4] Il caso *iCraveTv* rappresenta un esempio evidente di come gli interessi economici, in questo caso di una grande potenza come gli Stati Uniti, non hanno avuto alcun conto dei diritti di una minoranza.

Controllo sui cittadini? ➔ re un muro invalicabile per chi invece, in modo pienamente legittimo, intende diffondere i saperi, per esempio quelli provenienti dalla comunità scientifica, volendo contribuire al progresso culturale, scientifico e tecnologico. La preoccupazione di molti, infatti, è che le nuove soluzioni tecnologiche mirino a «bloccare non solo la migrazione di saperi, ma anche a controllare i singoli cittadini e quello che scrivono, leggono, vedono sui loro computer» (Folena, 2003).

4.5 Valore del copyright e della proprietà intellettuale nell'era del web

Mercato e modelli economici in crisi ➔ Il mercato e i tradizionali modelli economici sono messi in crisi dall'arrivo del web, un potentissimo mezzo di comunicazione, che basa la sua filosofia sulla libera circolazione di idee e contenuti. La tendenza, dunque, è quella di proteggere il mercato, introducendo misure di protezione, tecniche e legali, che inevitabilmente riducono l'accesso al patrimonio intellettuale e culturale della società.

Non ci sono regole comuni ➔ Come già sottolineato in precedenza, ancora non si è giunti a una definizione di regole e norme comuni, bensì ogni governo locale sta adottando una linea di condotta, in base ai principi in cui crede o alle leggi già esistenti, ma che naturalmente non sono affatto confacenti, anzi nella maggior parte dei casi non fanno altro che provocare confusione negli operatori del settore e scetticismo in chi invece si adopera realmente per proteggere il mercato senza calpestare il valore della creatività e della libertà. In particolare in Europa si è ancora nella fase di discussione, e per questo si stanno adottando norme già in vigore, ma adattate e modificate, che sembrano rimanere in bilico tra tolleranza e restrizione. Tuttavia molti studiosi americani guardano con speranza alle nuove prospettive che si stanno sviluppando proprio in Europa, grazie alla diffusione dell'*Open Source* (sorgente aperta: software rilasciato con un tipo di licenza per la quale il codice sorgente è reso disponibile agli sviluppatori che possono, collaborando, arricchire e migliorare il prodotto) in molti ambiti, da quello didattico a quello professionale e di recente anche nella pubblica amministrazione. In Italia, le opinioni a riguardo sono ancora fortemente contrastanti, dividendosi sostanzialmente in due posizioni: da un lato coloro che vedono la rete come una sorta di "west selvaggio", in cui si sviluppano pericolose potenzialità; in campo editoriale, per esempio, chiunque con un click può ricevere una quantità enorme di informazioni e altrettanto rapidamente può diffonderle e, volendo, rielaborarle, facendo venir meno tutto il sistema che andava dal creatore/autore al produttore e da questo al distributore; stesso pericolo in campo commerciale con la vendita online. Dall'altro lato vi sono, invece, i sostenitori della libertà e del libero scambio, che vedono in questo nuovo sistema non tanto uno stravolgimento quanto, piuttosto, un'evoluzione dell'economia e del mercato, e soprattutto l'opportunità per tutti di apportare innovazione. Infine, tra queste due posizioni vi sono coloro che cercano nell'uno o nell'altro caso di sfruttare la situazione a proprio vantaggio, ad esempio i pubblicitari che stanno imponendo una strategia efficace quanto ambigua: molte aziende, infatti, si sono attrezzate con siti web offrendo servizi e contenuti a costo zero, attirando in tal modo una grossa quantità di consumatori, capitalizzando poi questo flusso ospitando messaggi pubblicitari a pagamento. Ma a questo punto diventa doveroso fare alcune precisazioni. Quando si parla di diritto d'autore, copyright e tutela della proprietà intellettuale è bene distinguere a quale sfera ci stiamo riferendo, in quanto le problematiche cambiano a seconda dell'ambito. Purtroppo le leggi in vigore non fanno ancora tanta distinzione e dunque ciò che potrebbe essere ragionevole per un caso non lo è assolutamente per un altro.

← Libero scambio o tutela?

Una prima fondamentale distinzione va fatta tra l'editoria commerciale e divulgativa da un lato e l'editoria scientifica e didattica dall'atra. I due settori vanno considerati e trattati in modo differente, poiché nel primo caso si tratta di opere che rientrano nel circuito commerciale, e per questo il servizio deve essere a pagamento; nel secondo caso, invece, si tratta di opere riguardanti la comunicazione scientifica e il mondo della ricerca.

← Differenze tra editoria commerciale ed editoria didattica

«*La ricerca scientifica, nel diritto d'autore, è "confinata" entro i limiti del sistema normativo che regola la proprietà intellettuale artistica e letteraria. In tale quadro normativo, italiano ed europeo, tutti i lavori della ricerca scientifica sono regolati da leggi che sono piuttosto pensate, scritte per altri mondi che nulla hanno a che fare con la ricerca scientifica, per esempio con il mondo dello spettacolo e con quello delle opere musicali, laddove la pirateria (riproduzione o copia non autorizzata) assume significati assai diversi. Sostanzialmente un'opera o ricade sotto la tutela di legge, con tutti i limiti che ciò comporta - limiti sulla sua riproduzione, distribuzione o diffusione e quindi limiti ad una sua ampia disseminazione – oppure è di dominio pubblico, con i rischi conseguenti di una mancata tutela (rischio di plagio o di commercializzazione). Non c'è una via di mezzo, in quanto la legge è appunto ritagliata su mondi assai diversi da quello della comunicazione scientifica*». (De Robbio, 2003)

"Guadagno di pubblicazione" e "guadagno d'impatto" ➡ Nella comunità scientifica, dunque, non vige la regola del "guadagno di pubblicazione", bensì domina il concetto del "guadagno di impatto". I ricercatori, infatti, non hanno interesse al guadagno in termini economici, piuttosto sono interessati ad un'adeguata diffusione del proprio lavoro per l'accrescimento culturale e intellettuale dell'intera comunità. L'obiettivo principale va quindi oltre la diffusione, ma si estende alla disseminazione informativa dei loro contenuti intellettuali (De Robbio, 2003).

Risulta evidente, dunque, che un cambiamento diventa necessario, dal momento che l'attuale normativa non soddisfa né gli autori e gli editori del "libro commerciale" né i protagonisti della comunicazione scientifica. Lo stesso problema si pone per le case discografiche e l'industria audio-visiva, o per i produttori di software, tutti accomunati e messi sullo stesso piano dalle leggi vigenti. Dunque, urge un cambiamento in rapporto alla sfera di competenza, sganciandosi dalle logiche del passato e senza cercare di adattare leggi preesistenti, del tutto inadeguate, o innalzare barriere e soluzioni protettive tecniche, rese ben presto inefficaci dalla tecnologia stessa. Siamo in un momento di forte transizione e se vogliamo usare termini più forti, ma probabilmente più adatti, possiamo affermare che si tratta di una rivoluzione dei quadri di pensiero a cui eravamo abituati; un momento delicato di pari importanza come fu l'invenzione della stampa e la diffusione su larga scala dei libri cartacei. Sarebbe, dunque, opportuno ragionare secondo gli schemi nati dal nuovo scenario, come dimostrano alcune soluzioni proposte e in via di sviluppo, per esempio il sistema degli *Open Source* o la nuova tipologia di licenze definite *Creative Commons Pubblic Licenses* (CCPL, licenze utilizzabili gratuitamente offerte dall'organizzazione no profit *Creative Commons*) un sistema di copyright più semplice, che elimina gli intermediari e mette in contatto l'utente con l'autore/creatore, «punta alla collaborazione, al permesso d'uso, al "valore delle idee"» (Lessig, 2003). Concetti che riprenderemo in dettaglio nei prossimi paragrafi.

← *Open source*

Infine, se si vuole percorrere la strada della protezione e del copyright per preservare il diritto di proprietà, allo stesso tempo bisogna pensare a delle reali alternative, in cui sarà possibile accedere senza difficoltà e gratuitamente al sapere. Philippe Queaue, membro del Comitato di ricerca ministeriale del Ministero Francese della Cultura e della Comunicazione, oltre che direttore della divisione Informazione e Informatica presso l'Unesco, già nel 1995, prospettava una soluzione:

«[...] *È possibile tecnologicamente creare piccoli spazi riservati, in cui si potrà custodire, con precauzione, il diritto di proprietà, in cui ci si potrà chiudere nel proprio "copyright". Ma c'è un altro concetto, che mi sembra più interessante, quello di "copyleft". Alle zone privilegiate, private, dei "copyright", bisognerà opporre delle zone generose, di distribuzione dell'informazione, che serviranno la distribuzione gratuita delle idee, indirizzata soprattutto verso le scuole, verso l'educazione, educazione in senso lato, verso i Paesi in via di sviluppo, mediante le azioni necessarie a ridurre le distanze tra gli "have" e gli "have not", tra chi ha e chi non ha, tra gli info-ricchi e gli info-poveri».* (Queau, 1995)

Addirittura Queau nutriva la speranza di creare in rete l'equivalente delle reali biblioteche, uno spazio virtuale, in cui fosse possibile consultare un testo, senza essere costretto ad acquistarlo. Ma evidentemente idee del genere, seppure possibili tecnicamente, non collimano con gli interessi del mercato, e sebbene esistano, non riescono ad avere la giusta diffusione.

4.6 Barriere al diritto di accesso

Accesso ai contenuti ➜ Dato ormai per scontato che la rete e più in generale le nuove tecnologie hanno consentito di raggiungere l'importante traguardo della diffusione della conoscenza su larga scala, va ora preso in considerazione un altro aspetto del problema: gli ostacoli e le barriere di vario tipo, che impediscono un facile accesso ai contenuti. Come sottolinea Antonella De Robbio - responsabile del Settore Biblioteca Digitale e del Centro di Ateneo per le Biblioteche, oltre che referente SBA (sistema bibliotecario ateneo) per il diritto d'autore presso l'Università degli studi di Padova – l'etimologia della parola ci ricorda l'idea di "passaggio", o se vogliamo di trasferimento di informazioni:

> «Il concetto di accesso all'informazione trova le proprie radici nei servizi bibliotecari, nella politica per le telecomunicazioni, e in molti altri territori; è un concetto ricco che incorpora in sé una serie di questioni comportamentali, filosofiche, tecniche e politiche e, nel significato di "accesso libero" inteso come "via d'accesso" è racchiusa prima tra tutte l'idea di "passaggio"». (De Robbio, 2005)

Fattori condizionanti ➜ Ma, come prosegue la De Robbio, accessibilità non significa disponibilità delle risorse. Vi sono diversi fattori che condizionano o limitano l'accesso ai contenuti, che possono dipendere dal documento, dalle persone, dai Paesi o dalle legislazione. La prima condizione è data dal tipo di documento, dalla sua forma e dal suo formato elettronico. Non sempre un documento si presenta leggibile da tutti gli utenti, in particolare dagli utenti disabili; così come non tutti sono dotati della tecnologia necessaria per poter consultare i contenuti del documento in questione oppure infine il contenuto potrebbe essere soggetto alla tutela della proprietà intellettuale e dunque consultabile solo previo pagamento. Molto può dipendere anche dalle competenze informatiche e linguistiche degli utenti, in grado o meno di cercare e accedere alle informazione richieste;

più in generale è da tenere presente anche la legislazione che regola la proprietà intellettuale diversa da Paese a Paese e infine le barriere di tipo culturale in quei Paesi in cui non vi è libertà di espressione e l'accesso a internet è sottoposto a controlli (De Robbio, 2005).

4.7 Direttiva 2001/29/CE

Il 22 maggio 2001 la Comunità Europea emana la Direttiva 29/2001/CE, sull'armonizzazione di taluni aspetti del diritto d'autore e dei diritti connessi nella società dell'informazione. Entrata in vigore il 22 giugno 2001, il termine ultimo per la sua attuazione negli stati membri fu fissato per il 22 dicembre 2002. In Italia, il 1 marzo 2002 il Parlamento Italiano delega il Governo per il recepimento della Direttiva[5].

⬅ *Normativa comunitaria*

La normativa comunitaria rappresenta da un lato un passo in avanti, dal momento che rivede e modifica alcune leggi precedenti adattandole al nuovo scenario e alle evoluzioni tecnologiche, cercando di recepire a livello comunitario le principali obbligazioni internazionali, come enunciato nell'art. 1 «la presente riguarda la tutela giuridica del diritto d'autore e dei diritti connessi nell'ambito del mercato interno, con particolare riferimento alla società dell'informazione», ma dall'altro continua a considerare in un'unica legge tutte le tipologie di opere d'ingegno. Sicuramente vi sono regole che possono essere applicate in modo comune, ma altre devono necessariamente essere applicate secondo i casi specifici, dato la particolarità di alcune opere o casi. In particolare la Direttiva rivede la legge 633 del 22 aprile 1941, riguardo la *protezione del diritto d'autore e di altri diritti connessi al suo esercizio*, e la 93 del 5 febbraio 1992, recante *norme a favore delle imprese fonografiche e i compensi per le riproduzioni private senza scopo di lucro* con: 1) *ridefinizione dei diritti di riproduzione, diffusione al pubblico (ex diritto di diffusione e distribuzione)*; 2) *ridefinizione delle norme in tema di opere registrate su supporti*; 3) *introduzione del*

---

[5] Legge n.39 del 1 marzo 2002

tema della riproduzione privata per uso personale; 4) affermazione del diritto di porre isure tecnologiche di protezione sulle opere o sui materiali protetti; 5) nuove sanzioni per la violazione dei diritti. Inoltre modifica la direttiva europea 92/100/CEE, concernente il *diritto di noleggio e di prestito*, e la 93/98/CEE, riguardo *l'armonizzazione della durata di protezione* per adeguarne le disposizioni alle nuove obbligazioni internazionali.

La Direttiva tratta tre importanti temi:

1. il **diritto di riproduzione** «definendo gli atti di riproduzione coperti dal diritto esclusivo di riproduzione, diretta o indiretta, temporanea o permanente, in qualunque modo o forma, totale o parziale» (art. 2);
2. il **diritto di comunicazione** «riconoscendo agli autori il diritto esclusivo di autorizzare o vietare qualsiasi comunicazione al pubblico delle loro opere, compresa la messa a disposizione del pubblico delle loro opere in maniera tale che ciascuno possa avervi accesso dal luogo e nel momento scelti individualmente», con chiaro riferimento alla rete (art. 3);
3. il **diritto di distribuzione**, riconoscendo «agli autori il diritto esclusivo di autorizzare qualsiasi forma di distribuzione al pubblico delle loro opere e di loro copie».

Eccezioni ➜ Sono state previste, inoltre, alcune eccezioni obbligatorie, in particolare al diritto di riproduzione, riguardo le riproduzioni «prive di rilievo economico proprio, che formano parte integrante ed essenziale di un procedimento tecnologico e sono eseguite all'unico scopo di consentire la trasmissione in rete tra terzi con l'intervento di un intermediario o l'utilizzo legittimo di un'opera o di altri materiali» (art. 5). Mentre altre eccezioni o limitazioni sono facoltative e sono disposte a livello nazionale; queste riguardano le copie private e le missioni radiotelevisive effettuate da istituzioni sociali pubbliche, favorendo l'interesse del pubblico. Secondo queste eccezioni i titolari dei diritti devono ricevere un equo compenso.

Protezione adeguata ➜ Inoltre, la Comunità Europea, considerando le possibili violazioni, facilitate anche dalla tecnologia, ha rivolto la sua attenzione anche al problema della protezione, stabilendo che «gli Stati membri devono garantire un'adeguata protezione giuridica contro l'elusione di efficaci misure tecnologiche volte a tutelare un'opera o qualsiasi altro materiale protetto, [...] contro ogni alterazione o distribuzione non autorizzata» (art. 6). Non impone, dunque, regole precise, ma demanda al singolo Paese la scelta delle misure da adottare, purché siano efficaci, garantendo, cioè, che «l'opera o altro materiale protetto vengano resi accessibili all'utente solo tramite l'applicazione di un codice di accesso o di un procedimento, inclusa la decifrazione, la ricomposizione o qualsiasi altra trasformazione dell'opera o altro materiale, con l'autorizzazione dei titolari dei diritti» (art. 6). Anche la scelta delle sanzioni da applicare in caso di violazione è stata demandata ai singoli paesi; anche in questo caso, l'essenziale è che siano «efficaci, proporzionate e dissuasive» (art. 8).

Infine, al fine di assicurare l'efficacia e la validità nel tempo, è stato istituito un comitato costituito da rappresentati degli Stati membri, col compito di «esaminare l'impatto della Direttiva sul funzionamento del mercato interno», valutando allo stesso tempo anche il mercato digitale. Ogni tre anni viene stilata una relazione sull'applicazione della Direttiva, esaminando in particolare l'attuazione degli articoli relativi alle eccezioni e alle limitazioni adottate dagli Stati membri, oltre naturalmente ai mezzi di ricorso e sanzioni previste.

Glossario

a cura di
Elisa Manzi

Accessibilità

L'accesibilità, in informatica, è la capacità di un dispositivo, di un servizio o di una risorsa d'essere fruibile con facilità da una qualsiasi categoria d'utente. Il termine è comunemente associato alla possibilità anche per persone con ridotta o impedita capacità sensoriale, motoria, o psichica, di fruire dei sistemi informatici e delle risorse software a disposizione. Il termine ha trovato largo uso anche nel settore di Internet col medesimo significato.

ADSL (*Asymmetrical Digital Subscriber Line*)

Protocollo di comunicazione digitale per la trasmissione di inforazioni multimediali ad alta velocità, attraverso una linea telefonica ordinaria con connessione permanente. La trasmissione delle informazioni avviene dalla centrale telefonica al terminale dell'utente, sfruttando il flusso disponibile delle informazioni sul cavo telefonico e previlegiando la ricezione dei dati da parte dell'utente. Ciò significa che un normale doppino telefonico mantiene attivo il collegamento voce pur supportando la trasmissione dati tipica di una linea digitale ad alta velocità.

Ambiente di apprendimento virtuale

Spazio attraverso cui si realizza l'interazione online fra studentie insegnanti, per la realizzazione di molteplici obiettivi, compreso l'apprendimento.

Apprendimento collaborativo

Collaborative learning. Modalità di apprendimento che si basa sulla valorizzazione della collaborazione all'interno di un gruppo di allievi. L'apprendimento collaborativo, secondo la definizione di Anthony Kaye si ha quando esiste una reale interdipendenza tra i membri del gruppo nella realizzazione di un compito, un impegno nel mutuo aiuto, un senso di responsabilità verso il gruppo e i suoi abiettivi.
Questa modalità di apprendimento si basa su attività di comunicazione, sincrona o asincrona. Le tecniche di

---

Nota: Parte dei contenuti sono stati tratti da: *Wikipedia, L'enciclopedia libera.* http://it.wikipedia.org/w/index.php?title=Pagina_principale&oldid=10010904

comunicazione asincrona comprendono per esempio lo scambio di e-mail o l'uso di aree online per la discussione e il lavoro di gruppo. Con queste ultime gli studenti possono accedere a dei materiali comuni, come file, software e oggetti multimediali e possono collaborare allo svolgimento di compiti assegnati o progetti, con una certa libertà rispetto a quando e dove occuparsene. Tipicamente, la collaborazione asincrona è facilitata da un docente. O meglio, il docente non è presente in tempo reale per dare supporto sgli studenti, ma interagisce con loro attraverso l'e-mail e i database condivisi. Anche la correzione dei compiti, la valutazione dei progetti e il controllo degli esercizi possono essere effettuati con la stessa modalità. La collaborazione in tempo reale o sincrona permette invece un contatto simultaneo tra docenti e studenti oltre al contemporaneo accesso ai contenuti messi a disposizione. La collaborazione soncrona tipicamente è condotta dal docente, per esempio in un ambiente di aula virtuale. Il docente guida gli allievi attraverso uno studio interattivo online, che può comprendere condivisione di lavagne, condivisione di applicazioni, "alzata di mano" elettronica, funzioni di chat audio e video in diretta sulla rete. Nei contesti collaborativi di fondamentale importanza è il tutor è quello di organizzare, facilitare e minitorare lo svolgimento delle attività didattiche e il clima di collaborazione.

Apprendimento cooperativo

Cooperative learning. Modalità di apprendimento che si basa sull'interazione all'interno di un gruppo di allievi. Secondo alcuni autori, nella cooperazione ciascun componente del gruppo esegue un compito specifico, mentre nella collaborazione ognuno lavora su tutte le parti del compito complessivo. La cooperazione è una situazione in cui gli attori con ruoli e funzioni, meglio definiti rispetto alla collaborazione, lavorano per uno stesso obiettivo; per esempio, costruire un testo a più mani. In generale, in rete le attività propriamente cooperative risultano più difficili di quelle collaborative poichè richiedono decisioni già assunte (ad esempio la scelta del tema del progetto, individuazione di un coordinatore, ecc.), definizione dei ruoli e strumenti tecnologici più strutturati: aspetti che, per essere decisi totalmente in rete, comportano un notevole numero di interazioni.

Asincronia (in modalità di studio, comunicazione, ...)

Autonomia e indipendenza di tempi e spazi degli scambi, che non avvengono quindi in tempo reale.

Audioconferenza

Comunicazione vocale telefonica a due vie tra due o più gruppi che si trovano in luoghi differenti. Un sistema di audioconferenza si compone di: 1) un apparecchio telefonico, o un sistema viva voce con microfono e casse acusti-

Glossario

che; 2) un bridge audio per collegare le linee telefoniche e controllare il rumore; 3) un dispositivo speaker che faciliti le interazioni multiple.

Aula virtuale

Virtual classroom. Designa generalmente l'insieme di partecipanti ad un corso che interagiscono in rete in modalità sincrona, grazie anche a particolari strumenti per realizzare un comune obiettivo. L'aula virtuale si basa sull'interazione tra i componenti del gruppo e punta a realizzare a distanza i vantaggi della didattica in presenza. Si parla di classe virtuale, tuttavia, anche quando ci si riferisce ad un gruppo di allievi che usufruisce dello stesso corso e-learning in modalità asincrona.

Avatar

Presso gli Induisti, un *Avatar* è la reincarnazione (manifestazione fisica) di un Essere Immortale. Nel mondo della rete, rappresenta l'*alter ego* digitale di un utente Internet, dotato in genere di un *nickname* (nomignolo) e di un aspetto grafico, che lo rappresenti in ambienti interattivi.

Bit

Binary digit. La più piccola unità di misura dell'informazione. Il bit rappresenta il singolo "zero" o il singolo "uno" del codice binario usato dai computer per elaborare i dati.

Blended learning

Apprendimento "misto". Generalmente indica una tipologia di percorsi formativi che integra presenza e distanza, cercando di sfruttare al massimo le migliori caratteristiche di entrambe le modalità. Tuttavia, può riguardare anche l'uso di diversi media nell'ambito dell'e-learning, di diversi modelli didattici, di modalità sincrone e asincrone di studio.

Blog

Blog è un termine anglosassone che deriva dalla contrazione dei termini "web" e "log". Il weblog è una pagina web nella quale vengono pubblicati, in ordine cronologico, testi, immagini, suoni, filmati e link che una danno luogo ad una specie di "diario" personale da condividere in rete.

Brainstorming

Letteralmente "tempesta di cervelli". Tecnica di lavoro di gruppo tesa a far emergere il maggior numero di idee su di un argomento per giungere in modo ottimale alla soluzione di un problema.

Browser

Un web browser (chiamato talvolta *navigatore*) è un programma in grado di interpretare il codice HTML (e più recentemente XHTML) e visualizzarlo in forma di ipertesto. L'HTML è il codice col quale la maggioranza delle pagine web nel mondo sono composte: il web browser consente perciò la navigazione nel web.

Byte	Serie di 8 bit. È il più piccolo insieme di bit che abbia un significato: per esempio, il byte "01000001" rappresenta la lettera maiuscola "A".
Cd rom (*Compact Disc Read Only Memory*)	Supporto di memoria in grado di conservare fino a 700 Mbyte di dati, leggibile attraverso una tecnologia laser.
Chat	Dall'inglese letteralmente "chiacchierata". Forma di comunicazione sincrona in rete che, attraverso un apposito software, consente di comunicare con uno o più utenti tramite il computer: il messaggio che viene scritto sul proprio computer viene immediatamente visualizzato sugli schermi degli altri partecipanti.
Client	In informatica, con client (in italiano detto anche *cliente*) si indica una componente che accede ai servizi o alle risorse di un'altra componente, detta server. In questo contesto si può quindi parlare di client riferendosi all'hardware o al software. Un computer collegato ad un server tramite una rete informatica (locale o geografica) ed al quale richiede uno o più servizi, utilizzando uno o più protocolli di rete è un esempio di client hardware. Un programma di posta elettronica è un esempio di client software. Sono sempre di più i software, come il web, l'e-mail, i database, che sono divisi in una parte client (residente ed in esecuzione sul pc client) ed una parte server (residente ed in esecuzione sul server). Il termine client indica anche il software usato sul computer client per accedere alle funzionalità offerte dal server.
Client-server	Modello dell'interazione fra due computer, sul quale si basa il funzionamento delle reti. Il server è di solito un sistema potente, in grado di memorizzare molti dati. Quando il client richiede al server l'erogazione di un servizio (es. la visualizzazione di una pagina Web) quest'ultimo trasferirà sulla macchina dell'utente (il client) il risultato dell'elaborazione richiesta.
Computer Mediated Communication (CMC)	La Comunicazione Mediata dal Computer o CMC (*Computer Mediated Communication*, nella letteratura anglofona), è una branca di studi che si occupa di come le tecnologie a base informatica, in particolare i computer, abilitano peculiari forme di comunicazione a distanza fra gli esseri umani. Si parla di comunicazione mediata dal computer quando, usando un computer, è possibile avviare e sostenere uno scambio comunicativo a distanza, in modalità grafica o testuale, sincrona o asincrona, attraverso una rete telematica fatta da due o più computer (come la rete Internet). I prerequisiti di tale comunicazione implicano pertanto l'utilizzo di un

Glossario

	computer da parte dell'emittente e del ricevente, di una connessione per l'accesso alla rete telematica (una linea telefonica o dedicata, via cavo o wireless), e di software di comunicazione specializzati.
Comunicazione	Processo di trasferimento di informazioni (messaggio) da un punto (emittente) ad un altro punto (ricevente) attraverso l'uso di un codice (linguaggio) e attraverso un mezzo (canale). La comunicazione può avere diverse forme: può essere a una via (senza informazioni di ritorno dal ricevente all'emittente), a due vie (con informazioni di ritorno - feed-back), verticale (da superiore a subordinato), orizzontale (tra pari); può utilizzare diversi mezzi (media o canali di trasmissione) e diversi codici-linguaggi (verbali e non verbali).
Comunicazione asincrona	Scambio di informazioni che non avviene in tempo reale. Esempi sono l'e-mail e i newsgroup.
Comunicazione sincrona	Scambio di informazioni in tempo reale. Esempi sono la chat, la videoconferenza e la virtual classroom.
Comunità virtuali professionali (CVP)	Gruppo "virtuale" di appartenenti ad una medesima professione finalizzato allo scambio di informazioni per una crescita e un apprendimento continui. La comunità diventa, in pratica, uno strumento per il confronto, l'aggiornamento professionale, lo scambio di esperienze e di buone pratiche.
Comunità di pratica	Gruppi di persone che comunicano e interagiscono, in modo informale, all'interno di un'organizzazione più ampia per condividere le loro conoscenze e modalità di azione attraverso un processo di apprendimento reciproco.
Content repository	Database in cui sono conservati tutti i contenuti utilizzati per la realizzazione dei percorsi e-learning: testi, filmati, grafica, pagine HTML.
Copyright	Processo di protezione che garantisce ai depositari di un contenuto didattico il diritto esclusivo di utilizzo o il diritto di cedere ad altri la possibilità di riprodurlo, utilizzarlo, commercializzarlo. La protezione è limitata alle opere originali, indipendentemente dal fatto che siano state o meno pubblicate.
Diritti digitali	Norme per proteggere i diritti d'autore, o "copyright", applicata ai "prodotti elettronici" quali il software, le applicazioni multimediali, i contenuti in formato digitale, ecc.

Glossario

Distance learning (anche detta FAD – Formazione a Distanza)	Processo di formazione in cui i docenti e gli studenti si trovano in luoghi fisicamente separati e in cui si utilizzano diverse forme di media per trasferire contenuti e comunicazioni (audio, video, testi, computer, multimedialità, ecc.). La DL può essere sincrona o asincrona. Può comprendere corsi per corrispondenza, trasmissioni tv satellitari o e-learning.
Driver	Programma che indica al computer concime utilizzare un dispositivo aggiunto al computer (stampante, mouse, scheda audio ecc.).
e-Government	Trasformazione delle relazioni interne ed esterne della pubblica amministrazione attraverso l'uso di tecnologie informatiche e di comunicazione, allo scopo di semplificare le procedure amministrative e rendere maggiormente efficiente il servizio.
e-Learning	Metodologia didattica che offre la possibilità di erogare contenuti formativi elettronicamente (e-learning) attraverso Internet o reti Intranet. Per l'utente rappresenta una soluzione di apprendimento flessibile, in quanto può essere personalizzata e fruita secondo le proprie esigenze. Il termine e-learning copre un'ampia serie di applicazioni e processi formativi, quali *computer based learning*, *Web-based learning* e aule virtuali. Sviluppare un sistema di e-learning significa sviluppare un ambiente integrato di formazione utilizzando le tecnologie di rete per progettare, distribuire, scegliere, gestire e ampliare le risorse per l'apprendimento. Le modalità più utilizzate per realizzare tale integrazione sono: • l'autoapprendimento asincrono attraverso la fruizione di contenuti preconfezionati disponibili sulla piattaforma di erogazione; • l'apprendimento in sincrono attraverso l'utilizzo della video conferenza e delle aule virtuali; • l'apprendimento collaborativo attraverso le attività della comunità virtuale di apprendimento.
e-Mail o posta elettronica	Strumento che consente lo scambio di messaggi (lettere, documenti, immagini ecc.) in tempi brevissimi attraverso la rete. Lo strumento è accessibile a chiunque sia collegato a Internet e abbia aperto una casella di posta presso un provider (fornitore del servizio).
Emoticons	"Faccine". Convenzioni comunicative usate nella messaggistica in rete (e-mail, forum e, soprattutto, chat) nate per integrare nella comunicazione a distanza il linguaggio "non verbale" che arricchisce solitamente la comunicazione in presenza. Attraverso alcuni simboli o combinazioni di caratteri si cerca di puntualizzare meglio il senso

Glossario

di una frase o di un commento. Le emoticons sono diventate un vero e proprio linguaggio per velocizzare ed ottimizzare la comunicazione.

Esperto contenutistico — Progetta, produce e aggiorna il materiale didattico. Ha una visione globale del progetto formativo, interpreta la matrice degli obiettivi e delle competenze attese, conosce i linguaggi e le soluzioni didattiche così da garantire l'armonizzazione dei contenuti.

FAQ (*Frequently Asked Questions*) — Documento che raccoglie domande e risposte frequenti relative ad un particolare argomento.

Feedback — Retroazione. Riscontro che viene fornito all'allievo in conseguenza di una sua azione. Un feedback significativo consente all'allievo di valutare le sue prestazioni per un eventuale miglioramento, o di rinforzare un concetto appreso attraverso l'interazione, e questo sia in caso di feedback immediato che in caso di feedback ritardato.

Fibra ottica — Mezzo di trasmissione delle informazioni costituito da un filamento in fibra di vetro in grado di trasmettere segnali digitali ad alta velocità attraverso impulsi luminosi che vengono trasformati in impulsi elettrici.

Floppy disk — Supporto magnetico per il trasferimento dei dati, con capacità di 1,44 Megabyte. Questa ridotta capacità è considerato ora "obsoleto", specie se raffrontato con altri tipi di supporti molto più capienti (cd rom, pen drive).

Formazione in rete — Modalità di formazione in cui si utilizzano le tecnologie dell'informazione e della comunicazione (ICT) per generare una rete di collegamenti: tra alunni, con i tutor tra una comunità di apprendimento e le sue fonti.

Formazione a distanza (FAD) — vedi Distance learning

Forum — Ambiente virtuale all'interno del quale gli utenti possono "discutere" su argomenti di interesse comune, scambiarsi idee, esprimere opinioni, confrontarsi. Può essere libero o "animato" da un moderatore. Vedi anche Newsgroup.

Freeware — Software libero da copyright che viene reso disponibile gratuitamente dall'autore che non richiede alcun compenso per il suo utilizzo. Restano limitati i diritti di sfruttamento commerciale. Vedi anche Shareware.

FTP (*File Transfer Protocol*) — Un protocollo che permette l'accesso ad un sito remoto allo scopo di trasferire file. FTP indica anche il nome del programma usato per eseguire il protocollo.

Groupware	Concetto comprendente l'insieme delle tecnologie a supporto del lavoro di gruppo. Sono impiegati per agevolare le attività di coordinamento, di condivisione, di decisione, di progettazione nell'ambito di gruppi di individui cooperanti per il raggiungimento di obiettivi comuni. Le tecnologie hanno l'obiettivo di incrementare l'efficacia della cooperazione facilitando la gestione della complessità. Quando il groupware è utilizzato a supporto dell'apprendimento, si parla di *Computer Supported Cooperative Learning*.
Hard disk	Disco duro o rigido. Coincide con la memoria fissa (il grande archivio di base).
Hardware	L'insieme delle apparecchiature e dei dispositivi fisici che compongono un computer e le sue periferiche.
HTML (*HyperText Markup Language*)	Linguaggio standard utilizzato per la creazione di pagine ipertestuali del World Wide Web. I documenti in formato HTML possono contenere testo, grafica, collegamenti ipertestuali, contributi audio e video.
HTTP (*HyperText Transport Protocol*)	Il protocollo per trasferire su Internet i documenti ipertestuali scritti in linguaggio HTML. Richiede che vi sia un programma client HTTP sul computer dell'utente ed un programma server HTTP all'altro lato della connessione. Attualmente, questo è il protocollo più popolare su Internet.
Hub	Dispositivo di rete locale che permette a molti dispositivi di rete di connettersi al sistema di cablaggio della LAN in modo centralizzato. È anche detto "concentratore".
ICT	L'insieme delle tecnologie dell'informazione e della comunicazione: informatica, internet, multimedia, ecc., e i sistemi di telecomunicazione che permettono la loro distribuzione.
Indirizzo IP	Numero di identificazione associato a ogni singolo computer connesso a Internet. Un indirizzo ip è costituito da quattro serie di numeri, ciascuno dei quali è compreso tra 0 e 255. Alcuni computer hanno un indirizzo IP fisso ma, di solito, quando la connessione avviene attraverso una linea telefonica, il sistema assegna un indirizzo IP temporaneo che viene ritirato al momento della disconnessione per essere assegnato a un altro computer (indirizzo IP dinamico).
Instructional designer	Esperto in progettazione didattica. Nella formazione tradizionale si occupa della progettazione dell'intervento e del-

l'offerta formativa, mentre nell'autoistruzione stabilisce anche le funzioni d'uso della piattaforma e, insieme agli ingegneri informatici, realizza l'architettura tecnologica del sistema.

Interfaccia — Dispositivo che permette a due sistemi diversi di comunicare l'uno con l'altro. Il termine viene generalmente usato per indicare gli strumenti che consentono agli utenti di interagire con il computer.

Internet — Rete globale che connette tra loro milioni di computer e consente la comunicazione tra aziende, utenti privati, scuole ed enti governativi in tutto il mondo. Le origini di Internet risalgono al 1969 quando l'agenzia americana ARPA, appartenente al Ministero della Difesa degli Stati Uniti, finanziò un progetto di ricerca sulle potenzialità delle reti per consentire la realizzazione di una rete globale. Negli anni passati sono state sviluppate modalità di comunicazione tra computer: le reti locali (LAN) connettono computer su brevi distanze attraverso opportuni cavi; per lunghe distanze sono state realizzate le reti geografiche che connettono computer attraverso linee di trasmissione simili a quelle utilizzate sulle reti telefoniche. Internet è stata sviluppata per consentire la connessione tra diversi tipi di reti e lo scambio di informazione tra gli utenti, indipendentemente dai computer o dalle reti utilizzate. I computer così connessi avevano la necessità di utilizzare un Protocollo (insieme di regole) comune che descrivesse il metodo di trasmissione dei dati. A tal scopo è stato creato e definito il protocollo TCP/IP.

Internet Provider — Fornitore di servizi Internet. Indica l'azienda o l'istituzione che fornisce "connettività" ovvero il collegamento alla rete Internet. Per collegarsi in rete è necessario avere un computer dotato di un modem e una linea telefonica. Tramite abbonamento, il provider permette a un computer di collegarsi al proprio server (vedi) e, attraverso di questo, a Internet. In genere, oltre alla connessione, il provider offre al cliente una o più caselle di posta elettronica e una certa quantità di spazio sul server, all'interno del quale il cliente può costruire un sito web.

Interoperabilità — Capacità di due dispositivi, programmi, o parti di programma, di operare in cooperazione soprattutto per quanto riguarda lo scambio di dati.

IP (*Internet Protocol*) — Il più importante protocollo Internet di comunicazione. Tiene in memoria i "percorsi" fra i differenti nodi della rete, instrada i messaggi in uscita e individua e riconosce quelli in entrata. Consente a un pacchetto di dati di attraversare una serie di reti fino alla destinazione finale. Normalmente il protocollo IP funziona in abbinamento al TCP ed è spesso identificato come TCP/IP.

Ipertesto — Documento, o insieme di documenti, che può essere letto sequenzialmente oppure seguendo i richiami (link) tra le diverse parti (nodi) che lo costituiscono.

Ipermedia — Ipertesto (vedi) in cui i nodi collegati da link non sono semplici pagine di testo ma possono contenere immagini, suoni o filmati. Il termine deriva dall'unione delle due parole Ipertesto e Multimedialità.

Lavagna elettronica — Spazio elettronico (normalmente una finestra video) utilizzabile per la creazione e l'editing di elementi grafici o di testo che possono essere condivisi con altri (docenti, tutor, studenti) partecipanti ad un evento didattico di tipo collaborativo.

Learning by doing — Modello didattico basato sull'apprendimento attraverso l'esperienza. L'apprendimento è facilitato quando lo studente partecipa al percorso di formazione della conoscenza. Il learning by doing deve basarsi sulla soluzione di problemi attraverso l'esperienza e sulla capacità di autovalutazione dei propri risultati. I prodotti più evoluti di e-learning hanno come metodologia didattica il learning by doing.

Learning community — Comunità di apprendimento. Gruppi in cui è possibile scambiare con colleghi, altrimenti difficilmente raggiungibili perché in altre sedi, esperienze e conoscenze connesse alla propria attività, così producendo nuove conoscenze, nuove soluzioni e reali cambiamenti.

Learning Object (LO) — Unità didattica che nel suo complesso costituisce un argomento completo. È la più piccola entità componente il contenuto di un corso dotata di senso compiuto dal punto di vista della formazione. Dall'aggregazione dei LO nascono le unità didattiche che compongono i moduli che a loro volta formano i corsi.

Learning Management System (LMS) — Insieme delle funzioni amministrative di una infrastruttura software di e-learning che consentono di gestire attività quali la preparazione dei corsi, la creazione dei cataloghi e dei calendari degli insegnamenti, l'iscrizione degli studenti, il monitoraggio dello studio, la misurazione e la valutazione dei risultati, la certificazione. È un sistema che gestisce sia le aule fisiche che quelle virtuali e l'inventario dei diversi materiali didattici. Un buon LMS comprende quindi le funzioni che coinvolgono le diverse figure che posso-

Glossario

no operare nell'ambiente di formazione distribuita: gli studenti, gli amministratori, i docenti e i tutor.

Login

L'azione di collegarsi ad un sistema informatico. Solitamente immettendo user id e propria password (segreta).

Mailing list

È un sistema organizzato per la partecipazione di più persone in una discussione tramite e-mail. Per inviare un messaggio a tutti gli iscritti, è normalmente sufficiente inviarlo ad uno speciale indirizzo e-mail, e il servizio provvede a diffonderlo a tutti i membri della lista. In questo modo, non è necessario conoscere gli indirizzi di tutti i membri per poter scrivere loro. L'iscrizione e la rimozione di un indirizzo dalla lista può essere effettuata manualmente dall'amministratore, o direttamente dai membri tramite procedure automatiche, via web o via posta elettronica. Una mailing list può avere un archivio dei messaggi accessibile via web.

Memoria RAM

RAM, acronimo usato nell'informatica per Random Access Memory, è il supporto di memoria su cui è possibile leggere e scrivere informazioni con un accesso "casuale", ovvero senza dover rispettare un determinato ordine sequenziale, come ad esempio avviene per un nastro magnetico.

Metadata

Informazioni relative a un contenuto didattico che consentono di depositarlo e prelevarlo da un database. I metadata permettono così di realizzare oggetti didattici riutilizzabili.

Modem
(MOdulator DEModulator)

Dispositivo che permette di collegare due computer, attraverso linea telefonica, convertendo il flusso di segnali digitali emessi da un computer in un flusso di segnali analogici e viceversa.

Moderatore

Gestisce mailing list, forum o newsgroup. Il suo compito principale consiste nel decidere, tra i messaggi pervenuti, quali pubblicare, oltre a cercare di mantenere un certo ordine all'interno del gruppo.

Modulo

Macro area logico-didattica composta da un insieme di contenuti omogenei. Nell'ambito dell'e-learning, il modulo si struttura in unità didattiche autoconsistenti (learning object).

Monitoraggio

Controllo sistematico dei dati di natura organizzativa, gestionale e di funzionalità connessi ai processi di erogazione, allo scopo di ottimizzare i processi formativi. Il monitoraggio consiste nell'individuare e ponderare gli indicatori necessari a verificare la corrispondenza tra i risultati attesi e quelli raggiunti relativi a un determinato progetto formativo. Oggetto del monitoraggio possono essere: la qualità della docenza sincrona e asincrona, l'assistenza didattica, il sistema organizzativo/gestionale/logistico, le funzionalità della piattaforma in relazione all'erogazione dei percorsi formativi.

Multimedialità — Possibilità di veicolare in un singolo messaggio informazioni rappresentate con media diversi: testo, audio, grafica, video.

Motore di ricerca — Programmi utilizzabili in Internet per effettuare ricerche sulla base di parole chiave o combinazioni di parole in file e documenti presenti sul Web.

Netiquette — Regole di comportamento per tutte le forme di comunicazione elettronica, finalizzate ad un utilizzo corretto ed efficiente della rete telematica.

Nickname — Abbr. nick: pseudonimo o "nome di battaglia", usato dagli utenti di Internet invece del nome vero. Spesso sono soprannomi, ma possono essere sigle, combinazioni di lettere e numeri, ecc.

Newsgroup — Strumento di comunicazione in rete che consente ad un gruppo di persone di esprimere la propria opinione e conoscere quella degli altri inviando messaggi di posta elettronica che sono visualizzati in una bacheca elettronica comune. Per partecipare ai gruppi di discussione è necessario installare sul proprio computer un software denominato newsreader (lettore delle news), che oggi è ormai parte integrante del browser.

Numero IP — Vedi Indirizzo IP.

Open source — Sorgente aperta. Software rilasciato con un tipo di licenza per la quale il codice sorgente è lasciato alla disponibilità di eventuali sviluppatori, in modo che con la collaborazione (in genere libera e spontanea) il prodotto finale possa raggiungere una complessità maggiore di quanto potrebbe ottenere un singolo gruppo di programmazione.

Personal computer — Per esteso indica tutti i computer domestici, in senso più restrittivo indica macchine IBM o compatibili mentre per i personal Macintosh si parla di Mac.

Problem Based Learning (PBL) — Insieme di strategie didattiche centrate sullo studente e fondate sulla soluzione guidata di problemi reali (approccio problem solving).

Glossario

Piattaforma per e-learning — Software che permette di creare un ambiente virtuale di apprendimento all'interno del quale è possibile erogare corsi di formazione, gestire e monitorare i percorsi formativi degli utenti e accedere a una serie di strumenti di comunicazione e di servizi collegati, quali i forum e il tutoring. Attualmente sul mercato esistono due tipi di piattaforme: quelle di prima generazione, più orientate al delivery, ovvero all'erogazione dei contenuti/corsi, e pertanto denominate *Content Delivery System*; quelle di seconda generazione, più orientate alla gestione di tutto il processo formativo e pertanto denominate Learning Management System.

Processo formativo — È un percorso composto da un sequenza di tappe determinate, di cui il "corso" rappresenta la parte centrale. I principali passi del processo formativo sono l'analisi dei bisogni, la progettazione dell'intervento, l'attuazione dell'intervento, la valutazione dei risultati.

Responsabile didattico del corso — È il responsabile dell'organizzazione complessiva del percorso e si può valere della collaborazione di tutor di processo che devono monitorare il gradimento e le esigenze dei partecipanti nell'arco del corso.

Responsabile scientifico del corso — Ha il compito di definire, in collaborazione con il docente responsabile di ciascun modulo, la strutturazione e l'armonizzazione dei contenuti al fine di garantire un'impostazione unitaria al curriculum o al corso.

Rete LAN (*Local Area Network*) — Rete che copre un'area geografica locale. Una rete LAN solitamente collega i computer di uno stesso edificio o di una stessa area.

Rete MAN (*Metropolitan Area Network*) — Rete di calcolatori realizzata per fornire dati e informazioni a un'area geograficamente estesa, approssimativamente quanto una città. Solitamente tali reti sono realizzate tramite fibre ottiche.

RVI (*Realtà Virtuale Immersiva*) — È una particolare applicazione della realtà virtuale che mira a coinvolgere tutti i sensi e non solo vista e udito. Utilizzando apposite interfacce, quindi, si cerca di realizzare una esperienza simulata con l'ausilio del calcolatore molto simile a quella reale.

Scaffolding — "Impalcatura di sostegno". Attività esercitata prevalentemente dal tutor in base al principio secondo cui, per agevolare nel soggetto lo sviluppo di abilità e di competenze fondamentali al conseguimento di obiettivi formativi, durante il suo percorso di apprendimento, è necessario offrirgli assistenza di carattere emotivo, tecnico, organizzativo, sociale ed intellettuale.

SCORM (*Sharable Courseware Object Reference Model*)	Modello di riferimento per la creazione dei learning object all'interno del corsi di formazione a distanza, nato nel 1997 negli Stati Uniti. La finalità del modello è quella di garantire la riutilizzabilità, la durabilità e l'interoperabilità dei contenuti, attraverso l'ottimizzazione degli accessi e della loro gestione. L'architettura del modello SCORM si compone di quattro elementi essenziali: 1) Learning Object; 2) Learning Management System; 3) Course Structure Format (CSF, file d'interscambio in grado di tradurre lo stesso corso in LMS differenti); 4) Runtime (sistema che avvia il corso, soddisfacendo le richieste dell'utente finale).
Server	Sistema computerizzato che controlla l'accesso a una rete e alle relative risorse. In un collegamento, è definito server il sistema che offre dei servizi e client quello che li utilizza.
Shareware	Modalità di distribuzione del software. L'autore del programma ne consente l'utilizzo per un certo periodo di tempo senza alcun costo. Trascorso tale periodo, se l'utente vuole continuare ad usare il programma deve pagare l'importo richiesto.
Simulatori	Strumenti utilizzati per simulare un oggetto semplice o un sistema complesso. Attraverso l'uso di un simulatore è possibile avere una previsione del comportamento del sistema simulato, a partire da uno stato iniziale e a degli stimoli di ingresso noti.
Sincronia (*in modalità di studio*)	Modalità di attuazione del processo di apprendimento che avviene in tempo reale, con l'interazione simultanea di tutti gli attori (studenti, docente e tutor) anche se questi non sono fisicamente vicini. Esempi di modalità sincrona possono essere le classi virtuali, le video-audio conferenze. Questa modalità ha il vantaggio di permettere una buona interazione tra i vari partecipanti e sviluppare così anche un processo di socializzazione e interrelazione; principale svantaggio è, invece, la necessità che tutti siano disponibili nello stesso momento.
Sistema operativo	Insieme di programmi in grado di gestire le risorse hardware e software di un computer. Il sistema operativo sovrintende all'esecuzione dei programmi applicativi gestendo le operazioni di input e output e di memorizzazione di ciascuno di essi. È spesso un punto di riferimento per individuare classi di computer che possono utilizzare lo stesso sistema operativo e quindi gli stessi programmi. Sono sistemi operativi i vari DOS, Windows, OS2, ecc.
Software	L'insieme dei programmi e dei dati utilizzati da un computer. Parliamo di software di "base" e software "applicati-

Glossario

vi", a seconda che gestiscano le funzioni basilari di un sistema di elaborazione o che siano finalizzati a risolvere specifici problemi dell'utente, come la redazione di testi, la gestione contabile ecc.

Switch — Nella tecnologia delle reti informatiche, uno switch, ("commutatore"), è un dispositivo di rete che inoltra selettivamente i flussi di dati ricevuti verso una porta di uscita.

TCP (/IP)
(Trasmission Control Protocol) — Protocollo di trasmissione dati che permette un trasferimento di bytes sequenziale stabilendo una connessione tra due sistemi che intendono scambiarsi i dati. Successivamente, suddivide il messaggio in "pacchetti", molto più agevoli da gestire, numerandoli in modo sequenziale per consentire la ricostruzione del messaggio originario. Normalmente il protocollo TCP funziona in abbinamento al IP ed è spesso identificato come TCP/IP.

Thread — L'andamento di una discussione in un forum o in una mailing list. Si identifica un thread quando un messaggio provoca delle reazioni e delle repliche, che a loro volta possono produrre reazioni e repliche.

Topic — È un argomento oggetto di discussione all'interno di un forum online o di un gruppo di discussione. Essere off-topic, ovvero non attenersi all'argomento in discussione, è una delle più frequenti violazioni della netiquette.

Tutor online — Figura di supporto all'apprendimento che assiste gli allievi nella fase di fruizione dei corsi online attraverso diversi strumenti di comunicazione, generalmente asincroni, anima i forum e collabora al monitoraggio del percorso formativo attraverso la redazione e la consultazione dei report di avanzamento. Può essere di contenuto, quando in qualità di esperto della materia risponde ai quesiti degli allievi, oppure di metodo, quando la sua funzione è limitata a facilitare i processi di apprendimento e sostenere la motivazione degli allievi. In ogni caso garantisce supporto emotivo, tecnico e intellettuale, attraverso un'azione di scaffolding.

Unità (o Unità didattica) — Componente di un modulo che consente l'acquisizione di una o più conoscenze o competenze chiave all'interno di quel modulo didattico. Prevede una serie di obiettivi didattici intermedi ai quali sono dedicati gli specifici learning object che la costituiscono.

Usabilità — Secondo lo standard ISO 9241, l'usabilità è la misura in cui un prodotto può essere usato da utenti per raggiungere obiettivi specifici con efficacia, efficienza e soddisfazione in un certo contesto di uso (Paternò, 2001). Applicata al contesto della progettazione e dell'uso di interfacce software (ad esempio un sito web), indica il criterio che consente di realizzare un prodotto che soddisfi i bisogni informativi dell'utente finale, permettendogli facilità di accesso e navigabilità e consentendo un adeguato livello di comprensione dei contenuti.

Videoconferenza Strumento di comunicazione che consente un'interazione a due vie sia audio che video. Le comunicazioni sono trasmesse appoggiandosi alla linea telefonica, grazie all'uso di un codec (dispositivo che codifica e decodifica i segnali audio e video in uscita e in entrata). La qualità delle immagini e del suono è inferiore a quella delle trasmissioni via satellite, in compenso le spese di equipaggiamento e di trasmissione sono notevolmente ridotte.

Villaggio globale Espressione coniata da Mc Luhan (1964). Sta ad indicare come, grazie all'avvento delle nuove tecnologie e al potenziamento delle comunicazioni, il mondo sia diventato un ambito facilmente esplorabile al pari di un villaggio. Parimenti, ciascun villaggio ha abbattuto i suoi confini fino a coincidere con lo stesso globo.

Web quest Attività di ricerca guidata, in cui gli allievi, organizzati in gruppo, applicando una logica indiziaria, reperiscono informazioni in internet utili alla realizzazione di prodotti (un ipertesto, una guida cartacea, un giornale...). Lo scopo è quello di educare gli allievi a trovare, discriminare e scegliere informazioni in piena autonomia.

World Wide Web (WWW o W3 o Web) Sottoinsieme di risorse Internet basato sul protocollo di trasferimento dati http navigabile in forma di ipertesto. Molto spesso viene fatto coincidere con Internet stessa, mentre ne è solo una parte.

Letture consigliate

Autieri M (1996) Internet ed il contenuto del diritto d'autore. In: Ubertazzi LC (ed) AIDA annali italiani del diritto d'autore della cultura e dello spettacolo, anno 1995. Giuffrè, Milano
AA.VV. (2000) Dizionario dell'Unione Europea. Simone, Napoli
AA.VV. (2002) Manuale di informatica giuridica, 2a ed. Esselibri Simone, Napoli
Badrul HK (2004) E-learning: progettazione e gestione. Erickson, Trento
Ballarino P (2003) Internet nel mondo della legge. Cedam, Padova
Biolghini D, Cengarle M (2001) Comunità in rete e net learning. RCS Libri ETAS, Milano
Bocchini E (2002) Introduzione al Diritto Commerciale nella New Economy. Cedam, Padova
Borgman CL (2000) From Gutenberg to the Global Information Infrastructure: Access to Information in the Networked World. The MIT Press, Cambridge
Brugaletta F, Landolfi M (1999) Il Diritto nel cyberspazio - Tendenze, testi e protagonisti nel Web giuridico italiano (1998/99). Edizioni Giuridiche Simone, Napoli
Brugaletta F (2003) Internet per giuristi. La prima guida italiana alle informazioni giuridiche on line. Aggiornata al 2003. Con CD-ROM. Edizioni Giuridiche Simone, Milano
Brugaletta F (2004) Cercare diritto in internet. Leggi, norme e sentenze a portata di mouse. Edizioni Giuridiche Simone, Napoli
Cacciamani S (2002) Psicologia per l'insegnamento. Carocci, Roma
Calvani A, Rotta M (2000) Fare formazione in Internet. Manuale di didattica on line. Erickson, Trento
Cassano G (2001) Internet - Nuovi problemi e questioni controverse. Giuffrè, Milano
Ceccone L (1995) La formazione a distanza come sistema di istruzione. Come cambiano le figure professionali della formazione. Formazione Domani n. 19/2
Ceri S, Mandrioli D, Sbattella L (2004) Informatica: arte e mestiere. McGraw Hill, Milano
Cerina P (1999) Il problema della legge applicabile e della giurisdizione. In: Tosi E (ed) I problemi giuridici in Internet. Giuffrè, Milano
Cerina P (1999) La legittimità del "Web Linking". In Il Dir. Ind. 4/1999, p. 379
CNR di Genova (2002) Atti del convegno TED 2002
Console L, Ribaudo M, Avalle U (2004) Introduzione all'informatica. UTET Libreria, Torino
Costa G, Rullani E (1999) Il maestro e la rete. RCS Libri ETAS, Milano
Costanzo P (1996) Aspetti evolutivi del regime giuridico di Internet. Dir Inf e Inform, p 831

Cunegatti B (1998) La tutela delle opere multimediali in Italia nell'ambito della disciplina sul diritto d'autore. Dir Inf e Inform, p 452

Daffarra L, D'addio A (1995) Multimedia e diritto d'autore: un connubio difficile. Multimedia 21:17

D'Ammassa G, Bellantoni R (2004) Codice del diritto d'autore: Le leggi del Regno d'Italia. Nyberg, Milano

De Grazia L (1999) Il giurista e Internet. In: AA.VV. Il diritto del Cyberspazio. Edizioni Giuridiche Simone, Napoli

De Robbio A (2001) Diritto di accesso ai contenuti e diritti di proprietà intellettuale nell'infrastruttura globale dell'informazione. Atti del convegno internazionale su "Le risorse elettroniche. Definizione, selezione e catalogazione". Roma, 26-28 novembre

De Robbio A (2005) http://w3.uniroma1.it/ssab/er/relazioni/derobbio_ita.pdf

De Robbio A (2003) Tutela giuridica e diritto d'autore nell'editoria elettronica. In: Proceedings. Editoria elettronica, Bari

Donato B (1996) La responsabilità dell'operatore di sistemi telematici. Dir Inf e Inform, p 135

Eve A (1998) Copyright in Cyberspace. 13th Annual BILETA Conference, March

Folena P (2003) 2010, i prigionieri del libro a tempo. In: L'Unità del 3 marzo

Ghislandi P (2002) Didattica on line. In: e - Learning. Didattica e innovazione in università. Trento, pp. 65-97 © dell'autrice

Guglielmetti G (1998) Le opere multimediali. In: Ubertazzi LC (ed) AIDA annali italiani del diritto d'autore della cultura e dello spettacolo, anno 1997. Giuffrè, Milano

Hafner K, Lyon M (1996) Where Wizard Stay Up Late: The Origins of the Internet. Simon & Schuster, New York

Hance O (1997) Internet e la legge. McGraw Hill, Milano

La Noce F (2002) E-learning. La nuova frontiera della formazione. Franco Angeli, Milano

Lessig L (1999) Code and Other Laws of Cyberspace. Basic Books, New York

Lèvy P (1997) Il virtuale. Raffaello Cortina, Milano

Liscia R (2005) E-learning in Italia. Una strategia per l'innovazione. Apogeo, Milano

Locke J (2005) Soluzioni open source per la PMI. Tecniche Nuove, Milano

Mansani L (1996) La protezione dei database in Internet. In: Ubertazzi LC (ed) AIDA annali italiani del diritto d'autore della cultura e dello spettacolo, anno 1995. Giuffrè, Milano

Marzano P (1998) Sistemi anticopiaggio, tatuaggi elettronici e responsabilità on line: il diritto d'autore risponde alle sfide di Internet. Dir aut 2

Masi M (2000) L'autore nella rete. Guerini e Associati, Milano

Menchetti P (2001) Allocazione di domain names, antitrust ed autorità di regolazione: un approccio tradizionale. In: AA. VV., Trattato breve di diritto della rete. Maggioli, Rimini

Pascuzzi G, Caso R (2002) I diritti sulle opere digitali. Copyright statunitense e diritto d'autore italiano. Casa Editrice Dott. Antonio Dilani, Padova

Pattavina A (2003) Reti di telecomunicazioni. McGraw Hill, Milano

Queau P (1995) Diritti d'autore nell'era digitale. Parigi - European IT Forum, 04 settembre

Ramello G (2001) Diritto d'autore, duplicazione d'informazioni e analisi economica. Bollettino AIB n.4

Ranieri M (2005) E-learning: modelli e strategie didattiche. Erickson, Trento
Rheingold H (1994) Comunità virtuali. Sperling & Kupfer, Milano
Ricolfi M (1998) Le figure virtuali. In: Ubertazzi LC (ed) AIDA annali italiani del diritto d'autore della cultura e dello spettacolo, anno 1997. Giuffrè, Milano
Ricolfi M (1996) Internet e le libere utilizzazioni. In: Ubertazzi LC (ed) AIDA annali italiani del diritto d'autore della cultura e dello spettacolo, anno 1995. Giuffrè, Milano
Rossi G (2001) "I nuovi diritti del Cyberspazio". Introduzione alla conferenza internazionale su "Proprietà intellettuale e cyberspazio", Stresa 4- 5 maggio
Sarti D (1996) I soggetti di Internet. In: Ubertazzi LC (ed) AIDA annali italiani del diritto d'autore della cultura e dello spettacolo, anno 1995. Giuffrè, Milano
Sirotti Gaudenzi A (2001) La tutela del diritto d'autore in Rete, sintesi del saggio "Il Web cerca più tutela della proprietà intellettuale". Italia Oggi del 15 gennaio
Sirotti Gaudenzi A (2001) Trattato breve di diritto della rete. Le regole di Internet. Maggioli, Rimini
Sirotti Gaudenzi A (2001) Internet e diritto: problemi e soluzioni. GEDIT, Bologna
Sirotti Gaudenzi A (2003) Il commercio elettronico nella società dell'informazione. Sistemi editoriali, Milano Napoli
Sirotti Gaudenzi A (2003) Il nuovo diritto d'autore, 2a ed. Maggioli, Rimini
Snyder L (2003) Fluency with Information Technology: Skills, Concepts, and Capabilities. Addison-Wesley, Boston
Tanenbaum AS (2003) Computer networks. Prentice Hall PTR, Indiana
Trentin G (2001) Dalla formazione a distanza all'apprendimento in rete. Franco Angeli, Milano
Trentin G (1998) Insegnare e apprendere in rete. Zanichelli
Turini L (2001) Domini Internet e risoluzione dei conflitti. Il Sole 24 Ore, Milano
Vertecchi B (1995) L'istruzione a distanza: le linee evolutive. Formazione Domani n.19/2
Vygotskij LS (1980) Il processo cognitivo. Bollati Boringhieri, Torino, p 127
Zorfass J (1988) Tecnologia e trasformazione: uno studio Naturalistico degli allievi e dei calcolatori speciali di bisogni nella scuola centrale. Giornale di tecnologia di formazione speciale 9(2):88-97

Risorse online

Acidevolution (2005) http://www.acidevolution.com/formazione/elearning.asp E-L/KMC. http://www.formatori.it/AIF/2003/convegno2003/mappa/collaborative/mappa_community_tutor_scaffolding.pdf
Andrusyszyn MA (1996) Instructor's Guide to Computer Conferencing. http://publish.uwo.ca/~maandrus/cmcguide.htm
Angeli O (2003) Diritto d'autore e diritto d'accesso alla cultura. http://new.dsonline.it/aree/diritto_autore/documenti/dettaglio.asp?id_doc=9849
Berge Z (1995) The Role of the On line Instructor/Facilitator. In: Facilitating Computer Conferencing: Recommendations From the Field. Educational Technology 35(1):22-30. http://www.emoderators.com/moderators/teach_on line.html <http://www.emoderators.com/moderators/teach_online.html>

Letture consigliate

Berge Z, Collins M (1996) Facilitating Interaction in Computer Mediated On line Courses. In: "FSU/AECT Distance Education Conference, Tallahasee FL", giugno. http://www.emoderators.com/moderators/flcc.html

Briganti G (2002) Il diritto d'autore nella società dell'informazione. www.iusreporter.it <http://www.iusreporter.it/>

Cacciamani S (2005) Blended learning per un modello di associazione e di ricerca. Newsletter on line n. 39 http://www.formare.erickson.it/archivio/novembre_05/editoriale.html

Castellani M (2002) Tecnologie e groupware nella formazione del tutor di rete. Newsletter on line n. 7 gennaio Facoltà di Scienze della Formazione - Università degli Studi di Firenze. http://formare.erickson.it/archivio/gennaio/3tecnologie.html

Daffarra L, D'addio A. Opere multimediali e tutela del diritto d'autore. In Forum Multimediale, La Società dell'informazione, Comportamenti e norme nella Società Vulnerabile. www.interlex.it <http://www.interlex.it/>

Del Carratore E (2002) Casi: il ruolo del tutor nell'apprendimento collaborativo. Newsletter on line n. 8 febbraio Facoltà di Scienze della Formazione - Università degli Studi di Firenze. http://formare.erickson.it/archivio/febbraio/casi.html

De Robbio A (2003) Proprietà intellettuale nel circuito della comunicazione scientifica "open". E-prints in library and information science. http://eprints.rclis.org <http://eprints.rclis.org/>

Gokhale AA (1995) Collaborative learning enhances critical thinking. Journal of Technology Education 7(1). http://scholar.lib.vt.edu/ejournals/JTE/jte-v7n1/gokhale.jte-v7n1.html

Harnad S (2001) For Whom the Gate Tolls? How and Why to Free the Refereed Research Literature Online Through Author/Institution Self-Archiving, Now. http://www.cogsci.soton.ac.uk/~harnad/Tp/resolution.htm

Pigliacampo M (2004) Il successo del blended learning in azienda: le cause e gli equivoci di fondo. TTNet Italia n. 2 ottobre. http://www.aifonline.it/index.php?name=News&file=article&sid=1035 <http://www.aifonline.it/index.php?name=News&file=article&sid=1035>

Pistis M. Valore del precedente giudiziario e rivoluzione informatica. http://www.notiziariogiuridico.it/pistis2.html

Ricolfi M. Libertà d'espressione e diritto d'autore sulla rete. http://www.mediamente.rai.it <http://www.mediamente.rai.it/>

Ristucci R, Tufarelli L. La natura giuridica dei servizi su Internet. http://www.interlex.com <http://www.interlex.com/>

Rotta M (2002) Il tutor on line: editoriale. Newsletter on line n. 8 febbraio Facoltà di Scienze della Formazione - Università degli Studi di Firenze. http://formare.erickson.it/archivio/febbraio/editoriale.html

Rotta M (2002) Il tutor on line: tipologie. Newsletter on line n. 8 febbraio Facoltà di Scienze della Formazione - Università degli Studi di Firenze. http://formare.erickson.it/archivio/febbraio/tipologie.html

Rotta M (2002) Il tutor on line: modalità. Newsletter on line n. 8 febbraio Facoltà di Scienze della Formazione - Università degli Studi di Firenze. http://formare.erickson.it/archivio/febbraio/modalita.html

Rotta M (2002) Il tutor on line: piani d'azione. Newsletter on line n. 8 febbraio Facoltà di Scienze della Formazione - Università degli Studi di Firenze. http://formare.erickson.it/archivio/febbraio/piani.html

Spada P. La proprietà intellettuale in Internet. http://www.jei.it <http://www.jei.it/>

Saltzer, Reed, Clark (1991) End-to-end arguments in system design. http://www.reed.com/papers/endtoend.html

The manufacturer's authorised representative in the EU is Springer Nature Customer Service Centre GmbH, Europaplatz 3, 69115 Heidelberg, Germany. If you have any concerns regarding our products, please contact ProductSafety@springernature.com

Printed and bound by CPI Group (UK) Ltd, Croydon, CR0 4YY

25/03/2026

02078170-0019